拳意述真

권의술진

권술의 참뜻을 말하다

손록당 저
김태덕 역

두무곡

권의술진서(拳意述眞序)

손록당(孫祿堂)선생은 형의(形意)·팔괘(八卦)·태극(太極) 권술을 후학(後學)에게 전수하였는데, 오래 지나면 그 진면목을 잃을까 우려하여, 권의술진(拳意述眞)을 지어서, 선배들이 전수한 정교한 뜻을 설명하고 또한 덧붙여 자신의 의견을 발표하였으며, 글을 다 지은 후, 내가 서문을 짓도록 명하였다. 세 종류의 권술은 그 뜻이 본래 같다. 대체로 다른 사람을 꼭 이기려 하고 힘쓰기를 좋아하는 사람은, 근원(根源)을 잃어 혼탁해진다. 다른 사람을 이기려 하지 않으며, 정신이 좋고 심기가 원만하며 다른 사람이 또한 이길 수가 없는 사람은, 그 근원이 맑고, 맑으면 곧 기(技)는 도(道)와 부합한다. 선생의 이 글들은 모두 도(道)에 합치하는 말이다. 선생이 형의(形意)를 배움은, 이규원(李奎垣) 선생의 문하에 입문하였으며, 이(李)의 스승이 곽운심(郭雲深) 선생이었는데, 손(孫) 선생은 사실상 곽(郭) 선생에게 배웠으며, 가장 오래 따랐다. 젊어서 가산을 정리하고는, 곽(郭) 선생을 따라 여러 성(省)을 왕래하였는데, 곽(郭) 선생이 말을 타고 달리면, 손(孫) 선생은 말꼬리를 손에 잡고, 그 뒤를 따라 쫓아서, 쏜살같이 빨리 달리니, 하루에 백여 리를 갔다. 북경에 와서, 정정화(程廷華) 선생이 팔괘(八卦)권술에 정통하며 동해천(董海川) 선생의 제자라는 소문을 듣고, 방문하여 또한 그 권술을 모두 물려받았는데, 손(孫) 선생이 민첩하기가 남다름을 정(程) 선생이 찬탄하며 기꺼이 전수하였다. 일찍이 곽(郭) 선생을 따랐고, 후에 정(程) 선생을 따르니, 이와 같이 정성으로 수련하기를 여러 해가 되었고, 지방을 돌아다니다, 무예를 지닌 사람이 있다는 소문을 들으면, 반드시 방문하여서, 혹 불복(不服)하면 상대하여 겨루었는데, 손(孫) 선생은 패한 적이 없다. 그러므로 곽(郭)·정(程) 두 선생이 칭찬

하여 말하기를: "이 사람은 정말로 그 스승을 욕되지 않게 한다"라고 하였다. 손(孫) 선생의 나이가 50여세였을 때, 학위정(郝爲楨) 선생이 광평(廣平)으로부터 왔으며, 학(郝) 선생은 태극(太極)권술에 능숙하여서, 또 따르며 그 뜻을 물었는데, 학(郝) 선생이 말하기를: "기이하다, 내가 한번 말하면 곧 당신은 알아서 깨달으니, 수십 년을 전념하여 익힌 사람보다 낫다". 그리하여 손(孫) 선생은 세 가지 권술을 융합하여 그 깊고 미묘한 기밀을 얻어서, 책에 쓰니, 선배를 표창(表彰)하고, 후학을 가리켜 보이며, 내가(內家) 도예(道藝)의 비할 바 없이 훌륭한 종지(宗旨)를 밝힌다. 동(動)과 정(靜)이 교대로 수련하는 법은, 그 이치가 깊으나, 그 설명이 책에 구비되어 있으니, 읽는 사람은 스스로 이를 알 것이다. 손(孫) 선생이 득도(得道)한 유래를 내가 간략히 소개하였으니, 이로써 선생의 이 책을 보면, 정녕 각고의 노력을 겪고서 얻은 것이 헛소리가 아닐 것이다.

민국 12년(1923년) 계해(癸亥) 11월 근수(靳水) 진증칙(陳曾則)이 서문을 쓰다.

권의술진자서(拳意述眞自序)

　무릇 도(道)라는 것은, 음양(陰陽)의 근원이고 만물(萬物)의 본체이다. 그 도(道)가 아직 발생하지 않으면, 태허(太虛)에 걸려 있고, 그 도(道)가 이미 발생하면, 만물 중에 유행한다. 대저 도(道)는 하나일 뿐이나, 하늘에 있으면 명(命)이라 부르고, 사람에 있으면 성(性)이라 부르고, 물(物)에 있으면 이(理)라 부르고, 권술(拳術)에 있으면 내경(內勁)이라 부른다. 그러므로 내가권술(內家拳術)은 형의(形意)·팔괘(八卦)·태극(太極)의 세 파가 있어, 형식이 다르나, 그 지극함에 이르러 허(虛)로 돌아가는 도리는 꼭 같다. 주역(周易)에 말하기를 : "음(陰)이었다 양(陽)이었다 하는 것을 도(道)라고 부른다"라고 하며, 만약 음(陰)에 치우치거나 양(陽)에 치우치면 모두 병(病)이라고 부른다. 대저 사람이 살면서 음식(飮食)이 적절하지 않고, 기혈(氣血)이 온화하지 않거나, 정신(精神)이 부진하면, 모두 음양(陰陽)이 조화롭지 못한 까닭이다. 그러므로 옛사람이 내가권술(內家拳術)을 발명하여서, 사람으로 하여금 마음을 집중시켜 깊이 새겨보게 하여, 그 이치를 생각하며, 몸소 체험하고 힘써 실천하여, 그 도(道)에 합치하면, 곧 그 본래 타고난 성질을 회복할 수 있다. 그러나 중국의 권술은 문파(門派)가 대단히 많고, 형식이 같지 않으며, 운용(運用) 또한 달라서, 일생동안 그 수(數)를 밝혀낼 수 없고, 몇 생애를 거쳐도 그 법(法)을 다 완성할 수 없다. 나는 어린 시절부터 권술을 익히기 좋아하였고, 성품이 형의(形意)·팔괘(八卦)·태극(太極) 세 파의 권술과 가까워, 50여년을 연구하여, 그 개요(槪要)을 얻어, 일찍이 형의(形意)·팔괘(八卦)·태극(太極) 권학(拳學)을 지어, 이미 세상에 간행하였다. 예전에 들었던 선배들의 말을 오늘날 다시 설명하여 책을 내니, 배우는 사람이 그 참뜻을 알도록 함이다. 세 파

(派) 권술의 형식이 같지 않으나, 그 이치는 같다. 용법이 똑같지 않으나, 그 상대방의 중심을 제압하여 승리를 얻는 것은 꼭 같다. 한 파(派)의 권술 중에 의거하여 생각해 보면, 여러 선생들이 말하여 논한 형식이 또한 다른 것이 있으나, 아마도 그 운용이 혹시 다름이 있을 뿐이다. 세 파(派) 권술의 도(道)는, 하나의 이치에서 시작하여, 중간에 나뉘어 세 파(派)가 되고, 끝에는 다시 한 이치로 합치한다. 그 한 이치라는 것은, 세 파(派) 역시 저마다 얻는 바가 있어, 형의권(形意拳)의 '하나를 성실히 함(誠一)'이며, 팔괘권(八卦拳)의 '모든 법이 하나로 돌아옴(萬法歸一)'이며, 태극권(太極拳)의 '근본을 품어 하나에 전념함(抱元守一)'이다. 옛사람이 말하기를: "하늘이 하나를 얻어서 맑고, 땅이 하나를 얻어서 편안하며, 사람이 하나를 얻어서 신령하니, 그 하나를 얻으면 만사가 완성된다." 세 파(派)의 이치는, 모두 허무(虛無)로써 시작하고, 허무(虛無)로써 끝맺는다. 그러므로 세 파(派)의 여러 선생들이 수련한 권술의 도(道)는, 유석도(儒釋道) 세 가(家)의 성(誠)·허(虛)·공(空) 중의 묘리(妙理)와 합하여 하나가 될 수 있는 것이다. 여러 선생들의 심혈을 기울인 훌륭하고 깊은 조예가, 오래 지나면 파묻힐까 나는 심히 두려워서, 이를 설명하여 동호인들께 공개한다. 다만 학문이 천박하고 고루하여 지식이 없어 스스로 부끄러우니, 혹 여러 선생들의 교묘한 뜻을 발휘하지 못하면, 여러 동지들께서 언제나 보충하기를 바라며, 이로써 그 도(道)를 밝혀 드러내면 좋겠다.

민국 12년(1923년) 계해(癸亥) 직예(直隸: 河北) 완현(完縣) 손복전(孫福全)이 서문을 쓰다

록당(祿堂) 선생이 마침 형의(形意)·팔괘(八卦)·태극(太極) 세 책을 지어 세상에 널리 전하여, 후학(後學)에게 은혜를 베푸니, 그의 공적이 얕지 않으나, 이를 모르는 사람이 단지 권술을 남이 업신여김을 막는 도구로 삼아 오직 혈기(血氣)의 만용에 의지할까 유독 염려하여서, 그리하여 권의술진(拳意述眞)을 지으니, 무릇 권술 중의 매우 깊은 뜻을 남김없이 밝혔고, 평소에 들었던 여러 선배들을 일일이 책에 쓰니, 권술을 좋아하는 사람으로 하여금 이로부터 도(道)에 나아가게 한다. 무술의 진정한 뜻이 파묻히지 않게 하니, 이는 선생이 심혈을 기울인 것이다. 그 책을 술진(述眞)이라 이름 지은 것은, 아마도 본래 서술할 뿐이며 창작하지 않았다는 뜻이니, 여기에서 선생의 겸손한 미덕이 한층 더 나타난다.

민국 12년(1923년) 계해(癸亥) 겨울 오심곡(吳心谷)이 삼가 읽고서 알았다

목 차

제1장 형의권가 소전(形意拳家 小傳) ·················· 11
제1절 이낙능(李洛能) 선생 ·················· 11
제2절 곽운심(郭雲深) 선생 ·················· 13
제3절 유기란(劉奇蘭) 선생 ·················· 14
제4절 송세영(宋世榮) 선생 ·················· 15
제5절 차의재(車毅齋) 선생 ·················· 16
제6절 장수덕(張樹德) 선생 ·················· 17
제7절 유효란(劉曉蘭) 선생 ·················· 17
제8절 이경재(李鏡齋) 선생 ·················· 18
제9절 이존의(李存義) 선생 ·················· 18
제10절 전정걸(田靜杰) 선생 ·················· 19
제11절 이규원(李奎垣) 선생 ·················· 19
제12절 경성신(耿誠信) 선생 ·················· 20
제13절 주명태(周明泰) 선생 ·················· 20
제14절 허점오(許占鰲) 선생 ·················· 21

제2장 팔괘권가 소전(八卦拳家 小傳) ·················· 22
제1절 동해천(董海川) 선생 ·················· 22
제2절 정정화(程廷華) 선생 ·················· 23

제3장 태극권가 소전(太極拳家 小傳) ·················· 25
제1절 양노선(楊露禪) 선생 ·················· 25
제2절 무우양(武禹襄) 선생 ·················· 25
제3절 학위정(郝爲楨) 선생 ·················· 25

제4장 형의권(形意拳) ········· 27
제1절 곽운심(郭雲深) 선생의 말을 설명하다 ········· 27
제2절 백서원(白西園) 선생의 말을 설명하다 ········· 68
제3절 유기란(劉奇蘭) 선생의 말을 설명하다 ········· 71
제4절 송세영(宋世榮) 선생의 말을 설명하다 ········· 75
제5절 차의재(車毅齋) 선생의 말을 설명하다 ········· 83
제6절 장수덕(張樹德) 선생의 말을 설명하다 ········· 89
제7절 유효란(劉曉蘭) 선생의 말을 설명하다 ········· 91
제8절 이경재(李鏡齋) 선생의 말을 설명하다 ········· 93
제9절 이존의(李存義) 선생의 말을 설명하다 ········· 94
제10절 전정걸(田靜杰) 선생의 말을 설명하다 ········· 100
제11절 이규원(李奎垣) 선생의 말을 설명하다 ········· 101
제12절 경성신(耿誠信) 선생의 말을 설명하다 ········· 112
제13절 주명태(周明泰) 선생의 말을 설명하다 ········· 114
제14절 허점오(許占鰲) 선생의 말을 설명하다 ········· 117

제5장 팔괘권(八卦拳) ········· 124
정정화(程廷華) 선생의 말을 설명하다 ········· 124

제6장 태극권(太極拳) ········· 128
제1절 학위정(郝爲楨) 선생의 말을 설명하다 ········· 128
제2절 진수봉(陳秀峰) 선생의 말을 설명하다 ········· 130

제7장 형의권보적요(形意拳譜摘要) ········· 132

제8장 권술수련 경험과 세 파(派)의 자세한 뜻 ··· 140

역자후기 ········· 146

제1장 형의권가 소전(形意拳家 小傳)

제1절 이낙능(李洛能) 선생

 이(李 : 1806~1890) 선생의 휘(諱)는 비우(飛羽)이고, 자(字)는 능연(能然)이며, 세칭 노능선생(老能先生)이라거나, 혹은 낙능(洛能)·낙농(洛農)·노농(老農)이라 부르니 모두 한 음이 바뀌었다. 직예(直隸) 심현(深縣) 사람이며, 산서(山西) 태곡(太谷)에서 장사를 하였고, 권술을 좋아하였다. 현(縣) 내에 대용방(戴龍邦) 선생이란 사람이 형의권에 능숙하단 소문을 듣고, 찾아가서 만났다. 직접 만나보니, 말과 행동이 모두 매우 고상하고 우아하여, 무술을 잘 하는 사람 같지 않아서, 마음에 이상하게 생각하며 작별하고 떠났다. 훗날 남에게 소개를 부탁하여, 제자로 입문하였다. 당시 선생은 37세였다. 가르침을 받은 후부터, 밤낮으로 연습하였다. 2년 동안에 배운 것은 단지 오행권(五行拳)의 한 행(行) 즉 벽권(劈拳)이었으며, 그리고 연환권(連環拳)을 반쯤 배웠을 뿐이다. 비록 배운 것이 많지 않으나, 마음속에 결코 더 배우기를 바라지 않았고, 성실하게 연습하여 하루도 중단하지 않았다. 그 해 용방(龍邦) 선생의 모친 80회 생신에, 선생이 가서 경축하였다. 연회에 온 손님들은 친한 벗이거나 용방(龍邦) 선생의 문하생이었으며, 생신을 축하한 후, 무술을 할 줄 아는 사람 모두 연회장에서 연습하며, 각자 그 배운 바를 다 발휘하였는데, 선생은 다만 권술의 절반만 연습하였다. 용방(龍邦) 선생의 모친은 성격이 무술을 좋아하여서, 대저 형의권의 도리와 형식을 모르는 것이 없어, 곧 선생에게 왜 연환권(連環拳)을 단지 절반만 연습하는가 물으니, 선생이 답하기를 "단지 이것만 배웠습니다." 당장 용방(龍邦) 선생에게 명하여 말하기를: "이 사람이 배운지가 2년이 되었는데, 가르친 것이 아주 적으나, 보아하니 의외로 충성스럽고 성실하여서, 이 도리를 열심히 전수할 만하다." 용방(龍邦) 선생은 본래 효자로서 노모가 직접 지시함을 받들어, 결국 그 깨달아 알게 된 것을 선생에게 모두 전수하였다. 선생은 심혈을 기울려 연습하여서, 47세가 되자, 배움이 마침내 크게 성취되어, 형의권의 도리에 대하여 미세한 것에까지 모두 이르렀다. 종종 다른 사람과 겨루면, 모두 하고 싶은 대로 되고, 손이 닿기만 하면 무공이 되어서, 당시 명성이 대단하여, 북방의 여러 성(省) 사람들 모두 이를 알았다. 전수한 문하생은 곽운심(郭雲深)·유기란(劉奇蘭)·백서원(白西園)·이태화(李太和)·차의재(車毅齋)·송세영(宋世榮) 여러 선생들이다. 그리하여 선생의 명성이 자자할수록 도리(道理)는 더욱 깊어졌다. 그 지방에 어떤 사람이 있었는데, 무과(武科)의 전시(殿試)에 합격한 사람이며, 체력이 보통사람을 넘고, 능숙한 권술도 겸비하여, 선생과 평소에 사이가 좋았으나, 선생의 무술에 대하여는 그러나 마음속으로 남몰래 인정하지 않아, 겨루어 보려는 마음을 항상 품고 있었지만, 언제나 서로 친한 까닭에 입을 열기가 곤란하였다. 어느 날 실내에서 만나 담론하며, 평상시와 똑 같이 웃으면서 이야기하였는데, 처음에는, 그 사람의 시험해 보려는 저의를 짐작하지 못해, 방비하려는 생각이 조금도 없었으나, 그 사람은 선생이 움직일 때에, 예기치 않은 틈을 타서, 남몰래 몸 뒤에 접근하여 선생을 꼭 잡아 힘껏 들어 올리니, 한번 손을 뻗는 틈을 타서 몸이 이미 공중으로 비스듬히 올라가고, 머리가 천장의 안으로 부딪쳐 들었다가, 다시 내려오며, 양 발은 여전히 땅에 똑바로 서고, 전혀 기울지 않았다. 사술(邪術)이라 여기며 선생을 의심하였으나, 선생이 설명하기를: "이것은 사술(邪術)이 아니고, 대개 권술에서 최상의 신묘한 조화를 부리는 무공은, 보지 않고 듣지 않아도 알아차리는 지각(知覺)이 있으며, 그러므로 신묘하기가 이와 같아서, 당신이 알 바가 아니다." 그 당시의 사람들이 곧 선생을 "신권(神拳) 이능연(李能然)"이라 칭하였다. 나이 80여세에, 의자에 단정하게 앉아서, 빙긋이 웃으며 서거하였다.

제2절 곽운심(郭雲深) 선생

곽(郭 : 1822~1898) 선생의 휘(諱)는 욕생(峪生)이고, 자(字)는 운심(雲深)이며, 직예(直隸) 심현(深縣) 마장(馬庄) 사람이다. 어린 시절에 즐겨 권술을 연습하여서, 여러 해를 배웠으나, 소득이 없었다. 후에 이능연(李能然) 선생을 만나, 형의권술(形意拳術)을 토론하였는데, 형식이 극히 간단하나, 도리는 오히려 심오하여서, 선생이 매우 사모하였다. 능연(能然) 선생은, 선생이 진실한 마음이 있음을 보고서, 결국 문하생으로 받아들여, 말로 전하고 행동으로 가르쳤다. 선생이 전수를 받은 후, 마음 깊이 생각하여 분명하게 깨달아, 몸소 체험하고 힘써 실천하여, 아침저녁으로 연습하기를 수십 년이었다. 능연(能然) 선생이 전수한 수법은, 두 사람이 대련할 때, 별안간에 몸이 이미 2장(丈) 넘게 나가자빠지나, 결코 아픈 곳이 있음을 느끼지 못하고, 단지 느끼기에 가벼이 한번 휘저으나, 즉시 훌쩍 나가떨어졌다. 선생은 능연(能然) 선생의 수법을 모두 받았다. 선생이 가르친 권술의 세 단계의 도리나, 체용(體用) 규구(規矩) 법술(法術)의 오묘함에 이르기까지, 그리고 검술(劍術)과 도창(刀槍)의 정교함은, 그 지극함에 이르지 않은 것이 없다. 때때로 각 성(省)을 유람하여, 남북(南北) 두 문파의 동호인들과 교제가 대단히 넓었고, 경험이 매우 많았으며, 또한 그 기(技)를 놀이삼아 시험해 보았는데, 힘센 장정 다섯 사람을 시켜서, 각자 나무막대기의 한쪽 끝을 잡아 쥐고, 선생의 배에 대어 밀며, 다섯 사람이 다리를 안정되게 세우고, 힘을 다리에 들이게 하고는, 선생이 배를 한번 부풀려 팽팽하게 하니, 그 다섯 장정이 한꺼번에 훌쩍 뛰어올라, 일 장(丈) 남짓 밖으로 밀려 자빠졌다. 또한 호형권(虎形拳)을 수련하며, 몸을 뛰어오르면 3장(丈) 밖에 이르렀다. 선생이 수련한 도리는, 복(腹 : 배)은 극히 실(實)하고 심(心)은 극히 허(虛)하며, 형식(形式)과 신기(神氣)는 침중(沈重)하기가 태산과 같고, 신체의 동작은 날래어 민첩하기가 나르는 새와 같아서, 그러므로 선생이 뜻밖의 일을 만나도, 무엇이든지를 막론하고 귀로 듣고 눈으로 보기만 하면, 공격해 옴이 어떻게 용맹하며 속도가 빠를지라도, 그 즉시 신체가 모두 피할 수 있었다. 선생은 병서(兵書)를 숙독하였고, 또 기문(奇門: 기문둔갑)에 능하였으며, 형의권을 해설한 경(經)을 저술하였는데, 상세하고 명백하며 유창하였다. 보존하라고 주었으나, 후에 결국 도둑맞아서, 지금은 어느 곳에 있는지 모르니, 출판하여 세상에 널리 전하지 못한다. 선생이 후학을 깨우치려는 마음을 다하였으나, 파묻히어 드러나지 못하니, 애석하도다! 선생은 절기(絕技)를 지닌 기재(奇才)였으나, 그 때를 만나지 못하여, 단지 북방 몇 개 성(省)에서 여러 사람을 가르쳤고, 후에 시골에서 은거하다가, 70여세에 죽었다.

제3절 유기란(劉奇蘭) 선생

유(劉) 선생은 자(字)가 기란(奇蘭)이고, 직예(直隸) 심현(深縣) 사람이다. 권술을 좋아하여서, 이능연 선생의 제자가 되어, 형의권술을 배워 익혔다. 선생은 시골집에 은거하며, 문하생을 가르쳤고, 각 문파와 연락하며, 문파에 얽매인 편견이 없었고, 처음 선생을 만난 사람은, 몇 마디 말을 나누고는 곧 탄복하여 제자가 되었다. 선생은 70여세에 죽었다. 제자 중에 이존의(李存義)·경성신(耿誠信)·주명태(周明泰) 세 선생이 가장 뛰어났다. 그의 아들 전신(殿臣)은, 형의권결미(形意拳抉微)를 저술하여, 선생의 도(道)를 설명하였다.

제4절 송세영(宋世榮) 선생

송세영(宋世榮 : 1849~1927) 선생은 완평(宛平) 사람이다. 곤곡(昆曲: 江蘇省 남부와 북경 하북 지방에서 유행한 지방 희곡)과 바둑을 좋아하였고, 성격이 또한 권술을 좋아하였다. 산서(山西) 태곡(太谷)에서 시계점을 개설하였는데, 이능연 선생의 권술이 출중하여 명성이 당시에 으뜸이란 소문을 듣고, 남에게 부탁하여 소개받아 문하생이 되었다. 가르침을 받은 후부터, 밤낮으로 부지런히 힘써 연습하여, 줄곧 중단하지 않았고, 배운 바 오행권(五行拳)과 12형(形)은, 모두 각기 그 교묘함을 다 발휘하였다. 12형(形) 중의 사형(蛇形)을 연습할 때, 뱀의 성능(性能)을 모두 발휘할 수 있었고, 방향을 바꾸려 몸을 좌(左)로 돌릴 때, 오른손이 오른발 발꿈치를 붙잡을 수 있었으며, 우(右)로 돌릴 때가 되면, 왼손이 왼발 발꿈치를 붙잡을 수 있었고, 몸을 뒤로 돌려 권식을 멈추면, 신형(身形)은 흡사 뱀이 똬리를 틀어 한 무더기인 것과 같았으며, 보(步)를 벌려 왔다 갔다 하면서, 신형(身形)이 굽이지고 돌면 또한 마치 뱀이 풀을 헤치며 꿈틀꿈틀 기어서 가는 것과 같았다. 연형(燕形)을 수련할 때, 몸이 땅에 가까이 하여서, 긴 나무걸상 밑에서 휙 스쳐 지나갈 수 있어, 1장(丈) 넘게 멀리 나가니, 이 권식(拳式: 招式)의 이름을 곧 연자초수(燕子抄水)라 불렀다. 또한 리묘상수(狸猫上樹: 형의권 중의 초식 명칭)를 수련하면서, 몸이 위로 뛰어오르면, 손발을 벽에 반반하게 붙여서, 1·2분의 시간을 달라붙을 수 있었다. 당시 동문들과 동호인들 그리고 문외한들은, 본 사람이 아주 많았고, 선생이 수련한 각 권식의 기능(技能)을 이전에 직접 본 사람이 현재에도 역시 대단히 많다. 아마도 선생이 사물의 이치를 따져 밝히는 공력이 매우 깊어서, 각기 그 재질(才質)을 충분히 발휘할 수 있었고, 그러므로 그것이 진수(眞髓)를 전하였을 것이다. 또한 이전에 전통극 배우인 어떤 사람이 선생과 면식이 있었는데, 말하기를, 성으로 돌아올 때에, 선생이 무술을 수련하는 사람과 겨루는 것을 직접 보았는데, 두 사람이 1장(丈) 넘게 서로 떨어져서, 무술수련자가 나서며 몸을 훌쩍 솟구치니, 막 손이 나가자, 그 몸이 이미 화살처럼 빠르게 2장(丈) 넘게 나가 자빠졌으나, 선생은 조금도 동요가 없었고, 다만 양 손이 무술수련자의 몸에 한번 휘두르는 것만 보였다. 내가 20여세 때, 북경(北京)의 어느 작은 골목에 있는 백서원(白誓園) 선생의 거처에 거주하였는데, 배우인 어떤 사람이 백(白) 선생과 맞은편 집에 살았고, 그가 백(白) 선생에게 하는 말을 들으니 이와 같았다. 민국 12년 1월에, 동문인 아무개가 태곡(太谷)으로 가서 선생을 만나 뵈었는데, 선생이 그 때 80여세였으나, 활기차고 건장하여, 신체가 민첩하기가 한창 때와 똑 같았다. 돌아온 후 나에게 설명하며 말하기를: "선생이 권술을 언급할 때, 여전히 득의만만하였고, 입으로는 그 이치를 말하면서, 몸으로는 그 형(形)을 몸짓으로 설명하니, 그 몸이 나이 많은 노인임을 전혀 잊었다. 더욱이 후배 실력자들이 그만 못함을 한탄하였다."

제5절 차의재(車毅齋) 선생

차(車 : 1830혹은1833~1915혹은1914) 선생 영굉(永宏)은, 자(字)가 의재(毅齋)이며, 산서(山西) 태곡현(太谷縣) 사람이다. 집안 살림이 먹고 살 만하였고, 이능연(李能然) 선생을 따르며 권술을 배워 익혔다. 선생이 도(道)를 얻은 후부터, 부귀를 뜬 구름처럼 여겨서, 농촌에 은거하였고, 전수한 문하생이 대단히 많았으며, 그 도(道)를 능히 드러내어 밝힌 사람은, 산서(山西) 기현(祁縣)의 교금당(喬錦堂) 선생이 으뜸이었다. 선생은 도(道)를 좋아하여, 변함없이 한결같았고, 80여세에 죽었다.

제6절 장수덕(張樹德) 선생

장(張) 선생은 자(字)가 수덕(樹德)이고, 직예(直隸) 기주(祁州) 사람이다. 어린 시절에 무술을 배우기 좋아하여, 이능연(李能然)의 문하생이 되었고, 권술과 검도창(劍刀槍) 각종 병기술을 수련하여서, 합하여 하나의 기(氣)가 되어, 권(拳)을 검(劍)으로 삼고, 검(劍)을 권(拳)으로 삼으며, 사용한 창법(槍法)은 지극히 능숙하였다. 선생을 방문하여 창법(槍法)을 겨루려는 사람들 모두 선생에게 패하였다. 선생은 농촌에 은거하며, 가르친 문하생이 꽤 많았고, 선생의 기술을 계승한 문하생 또한 적지 않다. 선생은 80여세에 죽었다.

제7절 유효란(劉曉蘭) 선생

유(劉) 선생은 자(字)가 효란(曉蘭)이고, 직예(直隸) 하간현(河間縣) 사람이다. 역주(易州) 서릉(西陵)에서 장사를 하였으며, 성품이 권술을 좋아하여서, 어린 시절에 팔극권(八極拳)을 수련하여, 공부(功夫)가 극히 익숙하였고, 후에 이능연(李能然) 선생의 문하생이 되어, 형의권술을 연구하였다. 전수한 문하생이 직예성(直隸省)에 가장 많았고, 늘그막에도 생기발랄하며 더욱 건장하였다. 80여세에 죽었다.

제8절 이경재(李鏡齋) 선생

이(李) 선생은 자(字)가 경재(鏡齋)이고 직예(直隸) 신안현(新安縣) 사람이다. 효렴(孝廉: 청대에 지방관의 추천을 받아 禮部로 보내어져 시험에 합격하여 등용된 사람)으로서 교수(教授: 이전의 學官名)를 역임했고, 성품이 권술을 좋아하였다. 나이 63세에 이능연(李能然) 선생의 문하생이 되었고, 곽운심(郭雲深) 선생과는 가장 오래 함께 지냈다. 권술을 연구하며, 수련하여 70여세에 이르러, 권술의 오묘한 이치를 상당히 얻었고, 동작이 민첩하기가 여전히 한창 나이 때와 같았다. 선생이 말하기를, 권술과 유학(儒學)의 도리는 병행해도 모순 되지 않고, 합치하여 하나가 되는 것임을 이 지경에 이르러서야 비로소 알았다. 이(李) 선생은 80세까지 천수를 다하고 죽었다.

제9절 이존의(李存義) 선생

이(李 : 1847~1921) 선생은 이름이 존의(存義)이고, 자(字)가 충원(忠元)이며, 직예(直隸) 심현(深縣) 사람이다. 재물을 가벼이 여기고 의리를 소중히 여기며, 성품이 권술을 좋아하였다. 어린 시절에 장단권(長短拳)을 수련하였고, 후에 유기란(劉奇蘭) 선생의 문하에 입문하여서, 형의권술을 배워 수십 년을 연습하였다. 여행자를 보호하는 보표(保鏢)가 되어 각 성(省)을 왕래하였는데, 도중에 도적을 만나면, 손에 칼 한 자루를 잡고 대적하니, 도적이 감히 다가오지 못했고, 혹은 선생의 의협심이 뛰어나단 명성을 듣고서, 길을 피하였다. 그리하여 사람들은 "단도이(單刀李)"라 칭하였다. 민국 원년(1912년)에 천진(天津)에서 무사회(武士會)를 창립하였고, 문하생에게 전수하며, 꾸준히 가르쳐 인도하였고, 70여세에 죽었다.

제10절 전정걸(田靜杰) 선생

전(田) 선생은 자(字)가 정걸(靜傑)이고, 직예(直隸) 요양현(饒陽縣) 사람이다. 성품이 권술을 좋아하여서, 유기란(劉奇蘭) 선생의 제자가 되었다. 선생은 보표(保鏢)와 호원(護院: 부유하고 세력 있는 집의 경호원) 생활을 오래 하였고, 평생에 겪었던 기이한 일이 아주 많으나, 애석하게도 내가 기억하지 못해서 이를 말하지 못한다. 선생은 70여세에, 농촌에서 아침저녁으로 운동하였고, 만년(晩年)에 이를 낙으로 삼았다.

제11절 이규원(李奎垣) 선생

이(李) 선생은 휘(諱)가 전영(殿英)이고, 자(字)가 규원(奎垣)이며, 직예(直隸) 내수현(淶水縣) 산후점(山后店) 상촌(上村) 사람이다. 어린 시절에 독서(讀書)하였고, 작은 해서체(楷書體) 글씨에 능숙하였으며, 성품이 권술을 좋아하여서, 역주(易州)의 허모(許某)로부터 탄퇴(彈腿)·팔극권(八極拳) 등의 권술을 배워, 공부(功夫)가 지극히 능수능란하였고, 힘도 아주 대단하였다. 선생이 한창 혈기왕성한 때에는, 보표(保鏢) 호원(護院)으로서 꽤 명성이 있었고, 늘 다른 사람과 기(技)를 겨루기 좋아하여, 항상 이겼다. 후에 곽운심(郭雲深) 선생을 만나, 그와 겨루어 보았는데, 선생은 다리를 잘 사용하여서, 선생의 다리가 바야흐로 들어 올라가자, 운심(雲深) 선생이 손을 사용하여 한번 휘두르는 것이 보였고, 선생의 몸 뒤에 등받이가 없는 긴 나무 걸상이 있었는데, 선생의 신체가 걸상을 지나 넘어 2장(丈) 넘게 건너가서, 땅바닥에 자빠졌다. 선생이 일어나서 사죄하고, 곧 문하생으로 입문하여, 운심(雲深) 선생을 부자지간(父子之間)처럼 모셨다. 후에 운심(雲深) 선생의 전수를 수

년간 받아, 밤낮으로 연습하였고, 물려받은 도리(道理)를 안팎으로 깊고 정밀하게 통하여서, 그 지극함에 이르지 않은 곳이 없었다. 내가 선생에게 가르침을 받았을 때, 선생의 기술이 아직 아주 정묘(精妙)하지는 않았고, 선생이 도(道)를 얻은 후부터는, 언제나 책에 기록하였으며, 권술을 경솔하게 말하지 않았다. 내가 곽운심(郭雲深) 선생을 모시며 가르침을 받았는데, 선생이 비록 다른 사람에게는 경솔히 권술을 말하지 않았으나, 여전히 권술수련은 꾸준하였음을 다른 사람은 모른다. 선생은 70여세에 죽었다.

제12절 경성신(耿誠信) 선생

경(耿) 선생은 이름이 계선(繼善)이고, 자(字)가 성신(誠信)이며, 직예(直隷) 심현(深縣) 사람이다. 권술을 좋아하여서, 유기란(劉奇蘭) 선생의 제자가 되어, 형의권을 배워 익혔고, 농촌에 은거하며 권술로써 낙으로 삼아, 전수한 문하생이 많았고, 70여세에도 신체가 민첩하고 건장하여 여전히 한창 때와 같았다.

제13절 주명태(周明泰) 선생

주(周) 선생은 자(字)가 명태(明泰)이고, 직예(直隷) 요양현(饒陽縣) 사람이다. 어린 시절에 유기란(劉奇蘭) 선생의 집에서 서동(書童: 侍童, 옆에서 시중드는 소년)노릇을 하였고, 권술을 좋아하여서, 곧 기란(奇蘭) 선생의 제자가 되어, 형의권을 배워 익혀, 보표(保鏢) 생활을 오랜 세월 하였고, 직예(直隷) 막주(鄚州) 일대에 문하생이 꽤 많았다. 60여세에 죽었다.

제14절 허점오(許占鰲) 선생

 허(許) 선생은 이름이 점오(占鰲)이고, 자(字)가 붕정(鵬程)이며, 직예(直隸) 정현(定縣) 사람이다. 집안이 먹고살 만하여서, 어린 시절에 독서(讀書)하여, 서예(書藝)를 잘하였고, 성품이 권술을 좋아하여, 특별히 교사를 초빙하여 장권(長拳)·도창검(刀槍劍)술을 수련하여, 신체가 민첩하기가 나는 새와 같아서, 아는 사람 모두 그가 잽싸다고 칭찬하였다. 후에 또 곽운심(郭雲深) 선생의 제자가 되어, 형의권을 배워 익혔고, 전수한 문하생이 꽤 많았다. 60여세에 죽었다.

제2장 팔괘권가 소전(八卦拳家 小傳)

제1절 동해천(董海川) 선생

　동해천(董海川 : 1797혹은1812~1882) 선생은 순천(順天: 하북성) 문안현(文安縣) 주가오(朱家塢) 사람이다. 무술수련을 좋아하였고, 일찍이 강소성(江蘇省)과 안휘성(安徽省)을 두루 돌아다니다 이인(異人)을 만나 전수받았다. 3년을 머무르며, 권술과 검술 그리고 각종 병기(兵器) 모두 최고 수준에 이르렀고, 돌아온 후 예왕부(睿王府)에 고용인으로 들어갔다. 사람들은 그가 기이한 기능(技能)을 지녔음을 잘 알았고, 문하생이 되어 가르침을 받고자 찾아드는 사람이 끊이지 않았다. 가르친 권술은 팔괘(八卦)라고 부르며, 그 형식 모두는 하도(河圖) 낙서(洛書)의 방술(方術)이고, 그 도리(道理)의 본체(本體)는 모두가 선천(先天) 후천(後天)의 이(理)이며, 그 용법은 바로 8 8 64괘(卦)의 변화이며 무궁하다. 역경(易經)의 이치가, 선생의 마음에 남김없이 체현(體現)되었다. 그러므로 선생의 모든 행동거지는, 동작하는 사이에 그 변화가 신묘하여, 보통 사람이 추측할 수 있는 바가 아니었다. 평소에 가부좌(跏趺坐)로 정좌(靜坐)하였는데, 여름날 큰 비가 내려서, 담이 갑자기 무너졌고, 마침 선생이 좌대에 가부좌로 앉아있었으며, 그 담장에 아주 가까웠다. 선생이 결코 눈을 뜬 적이 없으나, 옆에 있던 제자가 담이 무너지는 것을 보았을 때, 급히 선생을 주시하니, 홀연히 보이지 않다가 선생이 이미 다른 곳의 의자 위에 가부좌로 앉아 있었고, 몸에는 먼지가 묻지 않았다. 선생은 또한 낮잠을 자곤 했는데, 때는 바야흐로 늦가을인지라, 제자가 이불을 덮어드리려고, 선생의 몸에 살그머니 덮으니, 뜻밖에 이불이 침상에 덮이고, 남은 것은 단지 침상과 이불뿐이며, 선생은 없어져 보이지 않아, 놀라서 뒤돌아보니, 선생은 창가의 의자에 단정히 앉아서, 그 사람에게 말하기를: "어찌 말하지 않느냐, 나를 놀라게 하였다." 선생의 령기(靈機: 영감 · 기지)가 이에 이르렀고, 보지 않고 듣지 않아도 바로 알아차리는 경지에 이미 이르렀으니, 그러므로 예측할 수 없는 위험에 닥쳐도, 그 변화의 신묘함은 이와 같았다. 《중용(中庸)》에 말하기를: "진실한 도(道)는 미리 알 수 있다"하니, 바로 이 뜻이다. 80여세에 단정히 앉아서 서거하였다. 제자 윤복(尹福)과 정정화(程廷華) 등이, 동직문(東直門) 외진초수(外榛椒樹) 동북(東北) 홍교대도(紅橋大道) 옆에 장사지냈다. 문하생 제자들이 비(碑)를 세워 그 행적을 기록하였다.

제2절 정정화(程廷華) 선생

정정화(程廷華 : 1848~1900) 선생은 직예(直隸) 심현(深縣) 사람이다. 북경(北京)의 화시대가사조(花市大街四條)에 거주하며, 안경(眼鏡) 만드는 일을 생업으로 삼았다. 성품이 무술을 좋아하였으나, 바른 인도를 받지 못하다가, 후에 다른 사람의 소개를 거쳐서 동해천(董海川) 선생의 제자로 입문하였고, 배운 권술은 명칭이 유신팔괘연환권(游身八卦連環拳)이었다. 전수를 받은 후부터 수년을 수련하여, 그 깊고 미묘한 비결을 체득하여, 명성이 크게 떨쳐서, 사람들이 안경정(眼鏡程)이라 불렀으며, 이를 모르는 사람이 없었다. 무술을 수련하는 사람으로서 겨루어 보려고 오는 사람이 아주 많았으나, 선생의 손에 모두 패하였고, 이 때문에 다른 사람의 질투를 초래하였다. 어느 날 저녁, 선생이 전문(前門: 북경의 천안문 남쪽의 지명)으로부터 점포로 돌아오는 도중에, 노초원(蘆草園)에 이르렀다. 한창 걸어 갈 때, 문득 발걸음 소리가 아주 급하게 뒤에서 들려왔다. 선생이 막 뒤돌아보자, 뒤따르던 사람의 손에 들린 큰 칼 한 자루를 보았는데, 눈부시게 번쩍거리며 바야흐로 선생의 머리를 향해 찍어 내려왔다. 선생이 즉시 몸을 아래로 움츠리며, 매우 빠르게 7·8척(尺)을 벗어 나가니, 그 칼이 허탕 쳤다. 뒤이어 몸을 돌려 그 칼을 빼앗으며 발로 차서 땅에 넘어뜨리고, 칼을 그에게 내던지며 말하기를: "친구, 집에 가서 다시 수련을 쌓아서 또 와도 된다." 그 사람의 성명을 묻지 않고, 유유히 걸어갔다. 당시 몇 사람이 이를 직접 보았다. 북경에서 전수한 문하생이 상당히 많았다. 그의 아들 해정(海亭)도 선생의 기술을 족히 설명할 수 있도록 깊이 정통한 사람이었다.

제3장 태극권가 소전(太極拳家 小傳)

제1절 양노선(楊露禪) 선생

  양(楊 : 1799~1872) 선생은 자(字)가 로선(露禪)이고, 직예(直隷) 광평부(廣平府) 사람이다. 권술을 좋아하였고, 하남(河南) 회경부(懷慶府) 진가구(陳家溝) 사람의 가르침을 받았는데, 결국 북경에서 권술을 태극(太極)이라 이름 지었다. 북경으로 와서 제자에게 전수하였고, 북경의 태극권술은 모두 선생이 전한 것이다.

제2절 무우양(武禹襄) 선생

  무(武 : 1812~1880) 선생은 자(字)가 우양(禹襄)이고, 직예(直隷) 광평부(廣平府) 사람이다. 하남(河南) 회경부(懷慶府) 조보진(趙堡鎭)의 진청평(陳淸平) 선생 처소로 가서 태극권술을 배워 익혀서, 수십 년을 연구하였고, 적수(敵手)를 만나 승리한 사적(事迹)이 가장 많으나, 학위정(郝爲楨) 선생이 말한 것이 상세하지 않아 설명할 수가 없다.

제3절 학위정(郝爲楨) 선생

  학(郝 : 1849~1920) 선생은 휘(諱)가 화(和)이고, 자(字)가 위정(爲楨)

이며, 직예(直隸) 광평(廣平) 영년현(永年縣) 사람이다. 학역여(郝亦畬) 선생에게서 태극권술을 전수받았다. 이전에 친구를 방문하여 북경에 왔는데, 친구가 소개하여서 선생과 서로 알게 되었다. 선생을 보니 신체가 장대(壯大)하고, 용모가 온화하며, 말하는 것이 모두 이치에 들어맞고, 행동거지가 양순하며 꾸밈이 없어, 나는 선생과 곧 서로 의기투합하였다. 머지않아 선생이 이질(痢疾)을 몹시 심하게 앓았는데, 처음으로 북경에 와서 오래되지 않은 까닭에, 친구가 별로 없어, 아는 사람이라곤 단지 동향의 양건후(楊健侯) 선생이었다. 나는 곧 선생을 위하여 의사를 부르고 약을 복용시키며, 조석으로 돌보니, 한달 남짓 만에 나았다. 선생이 나에게 큰소리로 말하기를: "우리 두 사람이 본래 가장 친한 벗은 아니나, 우연히 알게 되어 이와 같이 대접하니 실로 보답할 길이 없소." 내가 말하기를: "이 일은 선생이 마음에 둘 필요가 없소. 세속에서 말하기를: 온 세상 사람이 모두 친구라는데, 하물며 뜻을 같이하는 사람임에야." 선생이 말하기를: "나는 실로 감동하여서, 내가 평생에 배운 권술을 당신께 전하여 주고자 하니, 원하는가?" 내가 말하기를: "아마 구하려도 얻기 어려운 기회일 따름이요." 그리하여 선생을 집으로 초빙하여서, 나는 조석으로 선생의 전수를 받았고, 몇 달 만에 그 개요(概要)를 얻었다. 후에 선생은 고향으로 돌아가서, 그곳에서 전수한 문하생이 꽤 많았다. 선생은 나이 70여세에 죽었다. 그의 아들 월여(月如)는 선생의 기술을 전할 수 있었다. 문하생 중에 선생의 무술에 정통한 사람 또한 많았다.

제4장 형의권(形意拳)

제1절 곽운심(郭雲深) 선생의 말을 설명하다

제1칙

곽운심 선생이 말하기를: 형의권술은 3층(層)의 도리(道理)가 있고, 3보(步)의 공부(功夫)가 있으며, 3종(種)의 연법(練法)이 있다.

3층(層)의 도리(道理):
(1) 정(精)을 단련하여 기(氣)로 변화하고; (2) 기(氣)를 단련하여 신(神)으로 변화하며; (3) 신(神)을 단련하여 허(虛)로 되돌아간다. {이렇게 단련하면 이로써 사람의 기질(氣質)을 변화하며, 그 본연의 진(眞)을 회복한다}.

3보(步)의 공부(功夫);
(1) 골(骨)을 변화시킨다. 이것을 단련하면 이로써 그 기초를 구축하며, 이로써 그 체(體)를 튼튼히 하여, 골체(骨體)가 철석(鐵石)같이 단단하고, 형식(形式)과 기질(氣質)은 위엄 있는 모습이 태산과 같다.
(2) 근(筋)을 변화시킨다. 이것을 단련하면 이로써 그 막(膜: 체내의 얇은 꺼풀 형태의 조직)을 생동(生動)하게 하고, 이로써 그 근(筋)을 생장(生長)하며(세간에서 말하길 근육이 자라면 힘이 커진다), 그 경(勁)

은 종횡(縱橫)으로 연결되어 얽혀서, 무궁하게 생장한다.

(3) 수(髓: 골수·뼛속)를 씻어낸다. 이것을 단련하면 이로써 그 내부를 깨끗이 비우며, 이로써 그 체(體)를 가뿐하게 한다. 내부가 깨끗이 비운 상태가 되면, 신기(神氣)의 운용이 원활하여 막히지 않고, 신체의 움직임은 그 가벼움이 깃털과 같다. 권경(拳經)에 이르기를: 여러 차례 돌아보았자 한 식(式)이다 라고 하며, 바로 이 뜻이다.

3종(種)의 연법(練法);

(1) **명경(明勁)**. 이것을 단련하여 언제나 이로써 규칙으로 삼고, 바꾸어서는 안 되며, 신체의 움직임은 조화되어 순조로워야 하고, 어긋나서는 안 되며, 손발이 오르내리는 동작은 완전무결하게 일치해야 하고, 흐트러져 난잡해서는 안 된다. 권경(拳經)에 이르기를: 방(方)으로써 그 안을 바로잡는다고 하니, 바로 이 뜻이다.

(2) **암경(暗勁)**. 이것을 단련하여 신기(神氣)가 활짝 펴져야 하고, 구속되어서는 안 되며, 원만하며 활발하게 운용하고, 막혀서는 안 된다. 권경(拳經)에 이르기를: 원(圓)으로써 그 밖을 대응한다고 하니, 바로 이 뜻이다.

(3) **화경(化勁)**. 이것을 단련하여 온몸의 사지가 움직이고, 오르내리며 나아가고 물러나는 움직임 모두 힘을 써서는 안 되며, 오로지 신의(神意: 정신 意念)로써 운용하고, 비록 신의(神意)가 운용하나, 그러나 형식(形式)과 규구(規矩: 규칙)는 여전히 앞의 두 종류와 같이 변하여서는 안 된다. 비록 온몸의 움직임이 힘을 쓰지 않으나, 또한 전혀 힘을 쓰지 않을 수는 없고, 언제나 신의(神意)가 관통하고 있을 뿐이다. 권경(拳經)에 이르기를: 여러 차례 돌아보았자 한 식(式)이라고 하며, 바로 이 뜻이다.

1. 명경(明勁)

　명경(明勁)이란 것은, 즉 권(拳 : 권술)의 강경(剛勁)이다. 역골(易骨)이란 것은, 즉 정(精)을 단련하여 기(氣)로 변화하여 골(骨)을 변화시키는 방법이다. 사람의 몸 중에 선천(先天)의 기(氣)와 후천(後天)의 기(氣)가 화합하지 못한 까닭으로, 체질이 견고하지 못하므로, 그 도(道)를 설명한다. 대체로 사람이 처음에는 타고난 성품이 모두 착하고, 몸이 모두 튼튼하며, 근본이 모두 견고하여서, 순수한 선천(先天)이다. 이후에 지식이 생겨나자, 총명(聰明)이 막히고, 선천과 후천이 합하지 못하며, 음양(陰陽)이 교합하지 못하니, 모두 후천의 혈기(血氣)대로 일을 처리하는 것이다. 그러므로 혈기(血氣)가 성행하면, 정기(正氣)가 쇠약하고, 신체의 근골(筋骨)이 건장할 수 없게 된다. 그러므로 옛적에 달마대사(達摩大師)가 역근(易筋) 세수(洗髓) 두 경(經)을 전하였으니, 이를 익혀서 사람의 신체를 강건하게 하며, 그 사람이 처음 생겨난 본래면목으로 돌아간다. 후에 송(宋)의 악무목왕(岳武穆王 : 岳飛)이 두 경(經)의 뜻을 확충하여서, 세 경(經)으로 만드니, 역골(易骨)·역근(易筋)·세수(洗髓)이다. 세 경(經)을 다시 권술(拳術)로 만들어 내어서, 이 경(經)의 도리(道理)의 용(用)을 설명하였다. 권경(拳經)에 이르기를 : 정(靜)을 본체(本體)로 삼고, 동(動)을 작용(作用)으로 삼는다고 하니, 고대의 오금(五禽 : 五禽戲 도인체조)이나 팔단(八段 : 八段錦 도인체조)의 수련법이 체(體)는 있으나 용(用)이 없는 것과는 다르다. 권술은 무궁한 묘용(妙用)이 있기 때문에, 그러므로 먼저 역골(易骨)·역근(易筋)·세수(洗髓)가 있고, 음양(陰陽)이 뒤섞여 이루어지며, 굳셈과 부드러움이 잘 화합하고, 아무런 기미(機微 : 낌새)도 없으며, 텅 비어 있으되 민감하여 완전한 체(體)이고, 그러므로 그 텅 비어 있으되 민감하여 완전한 체(體)가 있어야, 비로소 예측할 수 없는 신묘한 변화의 교묘한 용(用)이 있다. 그러므로 이 때문에 권(拳)은 내외(內外)가 한 기세이고,

동정(動靜)이 한 근원이며, 체용(體用)이 한 도리이니, 그러므로 정(靜)으로써 본체로 삼고, 동(動)으로써 작용으로 삼는다. 사람은 하나의 작은 천지(天地)이므로, 모두 천지의 이치와 서로 합치되며, 오직 천지의 음양변화 모두 바뀜이 있을 뿐이다. 사람의 한 몸이 천지의 도리와 이미 서로 합치하니, 신체가 허약하고 오만하며 괴팍한 기질(氣質)은, 어찌 바꿀 수 없겠는가? 그러므로 변화하여 바꾸는 도리는, 약한 사람이 바뀌어 강해지고, 부드러운 사람이 바뀌어 단단해지며, 어긋나는 사람이 바뀌어 화목해지니, 세 경(經)이란 것 모두가 사람의 기질(氣質)을 변화시키는 것이며, 이로써 그 처음을 회복한다. 골(骨)을 변화시키는 것은, 권(拳) 중의 명경(明勁)이며, 정(精)을 단련하여 기(氣)로 변화시키는 도리이다. 사람 몸 중의 산란(散亂)한 기(氣)는, 단전(丹田) 내로 거두어들이고, 어느 한쪽으로 치우치지 않으며, 화합하되 무턱대고 휩쓸리지 않으며, 9요(九要)의 규범을 운용하여 단련하고, 수련하여 6양(六陽)이 완전함에 이르면, 강건(剛健)함의 극치이며, 즉 권술 중에 상하(上下)가 연결되고, 수족(手足)이 서로 마주 호응하며, 내외(內外)가 일치하니, 이에 이르면, 권(拳) 중에 명경(明勁)의 공(功)이 완성되어, 역골(易骨)의 경(勁)이 완전하여, 정(精)을 단련하여 기(氣)로 변화시키는 공(功)이 또한 완성된다.

2. 암경(暗勁)

암경(暗勁)이란 것은, 권(拳 : 권술) 중의 유경(柔勁)이다{유경(柔勁)은 '연약함(軟)'과는 다르며, 연(軟) 중에는 힘이 없으나, 유(柔)는 힘이 없는 것이 아니다}. 즉 기(氣)를 단련하여 신(神)으로 변화하여 근(筋)을 변화시키는 방법이다. 먼저 명경(明勁)을 단련하고 후에 암경(暗勁)을 단련하니, 즉 단도(丹道)의 소주천(小周天)이 화(火)를 억제하고, 다시 대주천(大周天) 공부를 운용한다는 뜻이다. 명경(明勁)이 손을 멈추면 바로 소주천(小周天)의 상태에 처한 것이고, 암경(暗勁)이 손발을 멈추려 하나 아직 멈추지 않으면, 바로 대주천(大周天) 4정(四正)의 상태에 처한 것이다. 권(拳) 중에서 소용되는 경(勁)은 형(形)·기(氣)·신(神){신(神)이 곧 의(意)이다}을 합치며, 양 손이 뒤로 힘껏 되돌리니(내부에는 움츠리는 힘이 있다), 그 의(意 : 意念 뜻)는 '철사(鋼絲)'를 뽑아 내는 것과 같다. 양 손이 앞뒤로 힘을 들여서, 왼손이 앞으로 밀치면, 오른손은 뒤로 끌어당기고, 혹은 오른손이 앞으로 밀치면, 왼손은 뒤로 끌어당겨서, 그 의(意)는 풀솜을 찢는 것과 같다. 또한 양 손이 강궁(强弓)을 당기는 것과 같아서, 힘을 들여 서서히 당겨 벌려야 하는 의(意)이며, 양 손은 혹은 오른손이 밖으로 뒤집어서 가로지고, 왼손은 안으로 '휘감아 싸는(裹)' 경(勁)이거나, 혹은 왼손이 밖으로 뒤집어서 가로지고, 오른손은 안으로 휘감아 싸는 경(勁)이며, 마치 타형(鼉形: 형의권 12형 중의 한 권식·태극권의 雲手 혹은 運手와 같은 초식)을 수련하는 양 손과 같거나, 혹은 연환권(連環拳: 형의권 중의 투로권)을 수련하는 중의 포과권(包裹拳)이다. 권경(拳經)에 말하기를: "휘감는 것은 싸매어서 드러나지 않는다." 양 손이 앞으로 밀치는 경(勁)은, 마치 바퀴가 달린 무거운 물체를 미는 것과 같으며, 앞으로 밀어 움직이지 못하는 의(意)이고, 또한 밀어 움직이는 듯 하나 움직이지 못하는 의(意)이다. 양 발이 힘을 들이며, 앞쪽 발이 땅에 내릴 때, 발꿈치가 먼저 땅에 닿고, 소리가 나서는 안 되며, 그리고 나서 다시 발바닥 전부가 땅에 닿는데, 소용되는 경(勁)은, 마치 손이 앞쪽 아래로 물체를 누르는 것과 같다. 뒤쪽 발이 힘을 들이며 박차는 경(勁)은, 마치 큰 걸음을 내딛어 도랑을 건너는 것과 같은 의(意)이다. 권경(拳經)에 말하기를: "발이 타격하여 짓밟는 의(意)는 허탕치지 않는다."라는 것은 앞쪽 발이고, "소식(消息)은 뒤쪽 발이 박차는 데에 전부 의거한다."라는 것은 뒤쪽 발이며, "말은 발굽을 남기는 공(功)이 있다"라는 것 모두 양 발의 의(意)를 말하는 것이다. 양 발이 나아가거나 물러나며, 명경(明勁)과 암경(暗勁) 양 단계의 보법(步法)은 같으나, 다만 명경(明勁)은 소리가 있고, 암경(暗勁)은 소리가 없다.

3. 화경(化勁)

화경(化勁)이란 것은, 즉 신(神)을 단련하여 허(虛)로 돌아가며, 또한 이것을 세수(洗髓)의 공부라고 부른다. 이것은 암경(暗勁)을 수련하여 지극히 부드럽고 순조로워지며, 이것을 유순(柔順)함의 절정이며 암경(暗勁)의 종점이라 부른다. 단경(丹經)에 말하기를: "음양(陰陽)이 뒤섞여 이루어져, 강유(剛柔)가 모두 변화하니, 이것을 단(丹)이 무르익었다고 말한다." 유경(柔勁)의 끝은 화경(化勁)의 시작이다. 그러므로 다시 더 향상되도록 공부(功夫 : 노력)하여서, 신(神)을 단련하여 허(虛)로 돌아가는 방법을 운용하여 형신(形神 : : 외양과 정신 몸과 마음)이 모두 묘연하면, 도(道)와 더불어 진(眞)과 합하며, 그리고 아무런 기미도 없으니, 단(丹)을 벗어났다고 말한다. 권경(拳經)에 말하기를 권(拳)은 권(拳)이 없고 의(意)는 의(意)가 없으며, 의(意)가 없는 것이 진정한 의(意)이고, 바로 이것을 화경(化勁)이라 부른다. 신(神)을 단련하여 허(虛)로 돌아가니, 세수(洗髓)의 공(功)이 완성된다. 화경(化勁)이란 것은, 화경(划勁)을 수련하는 것과는 다르며, 명경(明勁)과 암경(暗勁)은 또한 모두 화경(划勁)이 있다. 화경(划勁)은 양 손이 나가거나 들어오며 올라가거나 내려옴이 모두 짧아서, 또한 단경(短勁)이라 부르며, 마치 손이 벽으로 향하여 할퀴어 나가는 것과 같아서, 아래로 "휘저어 그으면(划)" 손은 여전히 자기 몸으로 되돌아오며, 그러므로 이것을 화경(划勁)이라 부른다. 화경(划勁)을 수련하는 것은, 앞의 두 단계 공부의 형식과 똑같으나, 소용되는 경(勁)이 다르다. 권경(拳經)에 말하기를: "세 차례 바뀌고(三回) 아홉 번을 바뀌어도(九轉) 한 형식이다"라는 것이 이 뜻이다. "세 차례 바뀌는(三回)" 것은, 정(精)을 단련하여 기(氣)로 변화하고, 기(氣)를 단련하여 신(神)으로 변화하며, 신(神)을 단련하여 허(虛)로 돌아가는 것이니, 즉 명경(明勁)·암경(暗勁)·화경(化勁)이다. "세 차례 바뀌는(三回)" 것이 명(明)하고 암(暗)하고 화(化)하는 경(勁)은 한 형식이다. "아홉 번을 바꾼다(九轉)"라는 것은, "여러 차례 변하여서(九轉)" 순수한 양기(陽氣)이며, 변화하여 허무(虛無)에 이르러 순수한 양(陽)으로 돌아가니, 바로 이 이치이다. 이것을 수련할 때, 손발의 동작을 그 앞으로 나아가는 양(兩) 보(步)의 형식에 따르며, 모두 힘을 들일 필요가 없으나, 결코 고지식하게 비워서 힘을 들이지 않는 것이 아니라, 온몸의 내외 전부 "진실한 의념(眞意)"으로써 운용한다. 손발의 동작에 사용하는 힘은 있으나 없는 것 같고, 실(實)하나 허(虛)한 것 같으며, 배 속의 기(氣)는, 운용하면서 의념을 집중하지 않기도 하고 또한 의념을 집중하지 않는 것이 아니기도 하며, 의념은 허령(虛靈)한 신(神)을 축적하는 데에 있다. 호흡은 있는 듯 없는 듯 하고, 단도(丹道)의 공부를 더불어 실행하여, 양기(陽氣)가 생겨나 충족하면 채취하여 단전으로 모아서, 굳건히 보존하며 식(息)을 멈추고, 그 상태에 처해 있을 때, 호(呼)와 흡(吸)은 서로 함께 하며, 그러므로 있는 듯하나 없고, 모두가 진실한 식(息)이며, 이것은 한결같은 신(神)의 묘용이다. 장자(莊子)가 말하기를: 진인(眞人)의 호흡은 발꿈치로써 한다는 것이 바로 이 뜻이다. 숨을 멈추어 막는 것이 아니라, 열심히 노력하여 수련하며 중단되지 않아야 하고, 수련하여 지극한 허(虛)에 도달하면, 몸은 그 몸이 없고, 마음은 그 마음이 없으니, 비로소 형신(形神)이 모두 미묘하여서, 도(道)와 어울리며 진(眞)과 합하는 경지이다. 이때 능히 태허(太虛)와 일체가 된다. 이후에 허(虛)를 수련하여 도(道)에 합치하면, 능히 고요하여 흔들림 없는 경지에 이르고, 느끼면 곧 통하여 알아서, 무엇이든지 모두 스스로 터득하며, 가는 곳마다 그 도(道)를 얻어서, 아무래도 좋다. 권경(拳經)에 이르기를: "몸을 튼튼히 하고 마음을 움직이는 것이 무예(武藝)이고, 몸을 양성하고 마음을 고요히 하는 것이 수도(修道)이다." 그러므로 형의권술은 단도(丹道)와 합치하여 하나가 되는 것이다.

제2칙

형의권은 삼체식(三體式)으로 시작하며, 양 발은 "한쪽에 중량이 실려야(單重)" 하고, "양쪽에 같은 중량이 실려서는(雙重)" 안 된다. 한쪽에 중량이 실린다는 것은, 한쪽 발을 땅에 붙이고 다른 한쪽 발은 들어올리는 것이 아니라, 앞쪽 발이 허(虛)일 수도 있고 실(實)일 수도 있으며, 뒤쪽 발에 치중하는 것이다. 이후에 수련하는 각 형식은 또한 양쪽 발에 중량이 실리는 형(形)이 있으나, 비록 양쪽 발에 중량이 실리는 방식일지라도 역시 "한쪽 발에 중량을 두는(單重)" 중심(重心)을 벗어나지 않으며, 아주 높거나 아주 숙이거나 아주 낮거나 아주 젖히는 형식에 이르기까지, 역시 언제나 삼체식(三體式)의 한쪽 발에 중량을 두는 중심(中心)을 벗어나지 않으며, 그러므로 삼체식(三體式)은 모든 형(形)의 기초이다. 삼체식(三體式)의 한쪽 발에 중량을 싣는다는 것은, 그 "치우침 없는 조화(中和)"를 얻는 첫째 요점이며, 동작이 민첩하고, 형식이 한 기세를 이루어 중간에 끊어짐이 없는 것이다. "양쪽 발에 중량이 실리는(雙重)" 삼체식(三體式)은, 형식이 가라앉아 무겁고, 힘이 아주 크나, 그렇지만 음양(陰陽)이 구별이 없고, 건곤(乾坤)이 판별되지 않으며, 홀짝이 분명하지 않고, 강유(剛柔)가 분별되지 않으며, 허실(虛實)이 나누지 않고, 내외(內外)와 개합(開合)이 분명하지 않으며, 진퇴(進退)와 오르내리는 동작이 민첩하지 않다. 그러므로 형의권 삼체식(三體式)은, 그 한쪽 발에 중량을 실어 "치우침 없는 조화(中和)"를 얻지 못하면, 선천(先天)과 후천(後天) 또한 교류하지 않고, 강(剛)이 많고 유(柔)가 적으며, "치우침 없는 조화(中和)"를 잃고, 도리(道理)도 분명하지 않으며, 변화도 모르고, 스스로 혈기(血氣)에 구속당하며, "서투른 힘(拙勁)"에 얽매이니, 이 모두는 삼체식(三體式)의 쌍중(雙重)에 구속당하는 것이다. 만약 단중(單重) 삼체식(三體式) 중화(中和)의 도리를 얻으면, 이후에 실행하는 것이, 단중(單重)이나 쌍중(雙重)을 막론하고 각 형(形)의 방식은 아무래도 상관없다.

제3칙

형의권술의 도(道)는, 이를 수련하기 극히 쉬우나, 또한 극히 어렵다. 쉽다는 것은, 이 권술의 형식이 아주 쉽고 간단하여서 번잡하지 않으며, 그 권술의 처음부터 끝까지 동작의 운용은, 모두가 사람이 애써 궁리하지 않아도 알고, 배우지 않아도 할 수 있다는 것이다. 온몸을 동작하여 운용함도 모두 평범한 이치이나, 다만 사람이 아직 배우지 않았을 때는, 손발을 동작하여 운용함이 규칙이 없고, 질서가 정연할 수 없다. 가르쳐 전수하는 것은, 사람이 궁리하지 않아도 알고 배우지 않아도 할 수 있는 것과 같이 평소에 운용하는 형식을 규구(規矩: 규칙) 중에 합치시켜서, 사지(四肢)를 동작하여 난잡하지 않게 하는 것에 불과하다. 만약 꾸준히 수련하여 중단하지 않으면, 최상의 경지에 이를 수 있다. 만약 최상의 경지에 도달하면, 여러 형(形)의 운용은 모두 도(道)에 합치한다. 다른 사람이 이것을 보면, 움직이거나 가만히 있거나 말하거나 침묵하며 운용함이 헤아릴 수 없이 오묘한 신기(神氣)가 있으나, 그러나 자신은 결코 권술을 잘 하는지를 모른다. 동작의 운용 모두가 평범한 도리(道理)이기 때문에, 사람에게 어려운 일을 억지로 강요함이 없고, 그러므로 권술이 수련하기가 극히 쉽다. 《중용(中庸)》에

이르기를: "사람들 모두 먹고 마시나, 맛을 아는 사람이 드물다." 어렵다는 것은, 수련하는 사람이 그 권술의 형식이 간단함을 싫증내고, 보기에 좋지 않아서, 중도에서 그만두게 되는 사람이 있으며, 혹은 수련하는 사람이 그 도리가 평범하고 기묘한 법칙이 없음을 싫어하여서, 자신은 오로지 강경(剛勁)의 기세를 좋아하고, 몸 바깥으로 또한 기이한 형(形)을 추구하니, 그러므로 평생을 수련하여도 형의권술 중화(中和)의 도(道)를 얻을 수 없고, 이 때문에 주제넘게 높은 데만 바라보며, 이치를 편벽되게 판단하니, 그리하여 권술의 도리는 얻기가 매우 어렵다는 것이다. 《중용(中庸)》에 이르기를: "도(道)가 사람에게서 먼 것이 아니라, 사람이 도(道)를 행한답시고 사람에게서 멀리하는 것이다"라고 하니, 바로 이 뜻이다.

제4칙

형의권술의 도(道)는 다른 것이 아니라 신(神)·기(氣) 두 가지일 뿐이다. 단도(丹道)는 처음부터 끝까지 전부 호흡에 의지하고, 처음의 대소주천(大小周天)과 환허(還虛)의 공(功: 공능 기능)은 모두 호흡의 변화이다. 권술의 도(道) 역시 그러나, 다만 형체(形體)와 근골(筋骨)을 단련하는 공(功)에 있어서, 단도(丹道)는 정(靜) 중에 동(動)을 추구하여, 동(動)이 절정에 이르면 다시 정(靜)으로 돌아가고, 권술은 동(動) 중에 정(靜)을 추구하여, 정(靜)이 "영속하면(恒)" 다시 동(動)으로 돌아간다. 그 처음의 수련은 다른 듯하나, 환허(還虛)에 이르면 같다. 형의권경(形意拳經)에 이르기를: "몸을 튼튼히 하고 마음을 움직이는 것이 무예(武藝)이고, 몸을 양성하고 마음을 고요히 하는 것이 수도(修道)이다." 그러므로 형의권의 도(道)는 곧 단도(丹道)의 학(學)이다. 단도(丹道)는 세 단계가 있는데, 정(精)을 단련하여 기(氣)로 변화하고·기(氣)를 단련하여 신(神)으로 변화하며·신(神)을 단련하여 허(虛)로 환원한다. 권술도 세 단계가 있는데, "골을 변화시키고(易骨)"·"근을 변화시키며(易筋)"·"골수를 씻는다(洗髓)". 세 단계가 바로 권술 중의 명경(明勁)·암경(暗勁)·화경(化勁)이다. 수련하여서 권(拳)은 권(拳)이 없고 의(意)는 의(意)가 없으며 의(意)가 없는 중이 진정한 의(意)인 경지에 이르면, 또한 단도(丹道)의 허(虛)를 단련하여 도(道)와 합하는 것과 서로 합치한다. 단도(丹道)는 맨 먼저 허(虛)로 환원하는 공(功)이 있고, 허(虛)가 절정에 이르러 정(靜)이 돈독(敦篤)함에 이를 때에, 하원(下元: 사람의 腎臟 부위)의 진양(眞陽)이 발동하며, 즉시 회광반조(回光返照: 원래는 소멸 직전에 잠시 왕성해진다는 뜻이나, 여기서는 반사하여 되돌려 비추다)하여, 정신을 집중하여 기혈(氣穴)로 들어가며, "한 숨(息)" 한 숨 근본으로 돌아가고, 신기(神氣)가 아직 교합(交合)하지 않았을 때, "정신(神)"을 집중하여 식(息)을 운용하며, 끊임없이 모으는 듯 하고, 늘 생각하여 잊지 않으니, 이것은 무화(武火: 센 화기)를 말하는 것이다. 신기(神氣)가 이미 교합(交合)함에 이르면, 또한 반드시 식(息)을 잊고, 채취하여 단전으로 돌아가게 되며, 굳건히 보존하여, 식(息)을 멈추고, 그 상태에 푹 빠지면, 화(火)를 생겨나고, 들고 나며 오르고 내리며 근본으로 돌아간다. 동(動)을 기다려서 다시 단련하고, 단련하여 동(動)하지 않음에 이르면, 화(火)를 멈추기에 충분한 한도이고, 이를 감리(坎離: 水火)가 서로 배척한다고 말하며, 이것은 소주천(小周天)에서 대주천(大周天)에 이르기까지의 공부이고, 단지 무(無)에서 유(有)가 생겨나올 뿐이고, 미약함으로부터 현저함에 이르고, 작음으로부터 큼에 이르고, 허(虛)로부터 실(實)을 축적하니, 모두 호흡을 수련하여 이루어낸 변화이다. 문무(文武)와 강유(剛柔)는 언제나 소멸하고 생장하며, 이것은 모두 순조로운 중에 거스름을 운용하고, 거스르는 중에 순조로움을 운행하여서, 그 지나치지 않고 모자라지 않는 중화(中和)의 도(道)를 운용하는 것이며, 이것은 단도(丹道)의 대강을 대략 말한 것에 불과하다. 단도(丹道)와 권술은 병행하여도 모순되지 않고, 그러므로 형의권술은 조잡한 무예가 아니다. 내가 염려하는 바는 이후에 형의권술을 수련하는 사람이 다만 그 후천적인 혈기의 힘만 운용하고 선천적인 진양(眞陽)의 기(氣)를 모르는 것이니, 그러므로 형의권술의 도(道)를 설명하자면, 단지 이 신(神) 기(氣) 두 가지일 뿐이니, 그러므로 먼저 단도(丹道)의 대강을 먼저 말하고, 후에 다시 권술의 자세한 사정을 논한다.

제5칙

곽운심 선생이 말하기를, 형의권술수련은 세 단계의 호흡이 있다.

권술수련의 제1단계 호흡은, 혀를 말아 돌려서, 윗잇몸에 받쳐 지탱하고, 입은 벌린 듯도 하고 벌리지 않은 듯도 하며, 다문 듯도 하고 다물지 않은 듯도 하며, 호흡은 자연스럽게 내버려두고, 호흡에 신경을 써서는 안 되며, 손발의 동작이 규구(規矩 : 규칙)에 맞는 것이 바로 호흡을 가다듬는 법칙이고, 또한 바로 정(精)을 단련하여 기(氣)로 변화하는 공부이다.

권술수련의 제2단계 호흡은, 입을 벌리고 다물거나 혀를 윗잇몸에 받쳐 지탱하는 등의 규칙은 제1단계와 같이하나, 다만 호흡이 제1단계와 다르다. 제1단계 손발의 동작은 호흡을 가다듬는 법칙이고, 이것은 숨이 고르게 조절하는 것이다. 제1단계는 입과 코의 호흡이고, 이로써 내외(內外)를 통하기 위할 뿐이나, 이 제2단계의 호흡은 단전(丹田)의 내호흡(內呼吸)에 주의하고, 또한 태식(胎息 : 태아처럼 코와 입을 쓰지 않고 호흡하는 것)이라 이름 지으며, 이것은 기(氣)를 단련하여 신(神)으로 변화하는 도리이다.

권술수련의 제3단계 호흡은, 앞의 두 단계의 의미와는 또 다르며, 제

1단계는 명경(明勁)이고, 밖으로 형(形)이 있으며, 제2단계는 암경(暗勁)이고, 안으로 형(形)이 있다. 이 호흡은 비록 있기는 하나 마치 없는 듯 하고, 소홀히 하지도 말고 조장(助長)하지도 말라는 뜻이며, 바로 예측할 수 없는 변화의 묘용이다. 마음속이 텅텅 비고, 있지도 않고 없지도 않으며, 있는 것도 아니고 없는 것도 아니며, 이것은 아무런 기미(機微 : 낌새)도 없는 것이고, 허(虛)로 되돌아가는 도리이다. 이 세 종류의 호흡은, 권술을 수련하며 처음부터 끝까지 전 과정 모두에 적용되는 순서이고, 바로 한 기(氣)가 관통하는 이치이며, 유(有)로부터 무(無)로 변화하는 도리이다.

제6칙

사람이 권술을 수련하기 이전에는, 손발의 동작은 그 후천(後天)적으로 저절로 되는 성질을 따르며, 건장하다가 늙어서 죽음에 이른다. 도가(道家)는 선천(先天)을 반대로 운용하여서, 음양(陰陽)을 바꾸고 계기(契機)를 전환하며, 이로써 오래 사는 방법을 추구하는데, 권술도 역시 그러하다. 처음 시작은 평소에 저절로 익힌 방법으로부터 반대로 바꾸며, 그 "실마리(機)"는 정(靜)으로부터 동(動)으로, 다시 동(動)으로부터 정(靜)으로 바꾸어서, 삼체식(三體式)이 된다. 그 자세는, 양 발이 앞발은 허(虛)이고 뒷발은 실(實)이며, 굽혀 숙이지 않고 위로 젖히지 않으며, 좌우로 기울거나 비뚤어지지 않고, 마음속은 텅 비어야 하고, 고요하여 다른 생각이 없고, 털끝만한 혈기(血氣)도 마음속에 가져서는 안 된다. 저절로 허령(虛靈)한 본체(本體)에 순전히 내맡겨야 하며, 본체(本體)로부터 시작하여서 다시 움직이기 시작하여 수련해 가면, 이것이 권술 중에 순전히 저절로 생기는 진짜 경(勁)이고, 또한 사람의 본성이라 부르고, 또 단도(丹道)의 맨 처음 허(虛)로 환원하는 도리이고, 또한 선(善)을 밝혀 처음으로 돌아가는 도리라고 부른다. 그 삼체식(三體式) 중의 령묘(靈妙)함은, 진수(眞髓)를 전수받지 않으면 알 수가 없고, 그 중의 뜻은, 단도(丹道)의 현관(玄關)을 언급하거나 《대학(大學)》의 명덕(明德 : 공명정대한 덕행)을 밝히라고 말하는 것과 같고, 맹자(孟子)가 말한 호연지기(浩然之氣)이며, 또한 하도(河圖) 중 다섯(天數가 다섯이고, 地數가 다섯이다)의 한 점(點)이나 태극선천(太極先天)의 기(氣)와 서로 합치된다. 그 자세의 중(中)이란 것은, 신체의 양 다리가 중간에 균등하게 서는 중(中)이 아니고, 그 중(中)은, 규구(規矩 : 규칙)의 법칙을 적용하여서, 몸 중의 산란하게 밖으로 쏠리는 령기(靈氣 : 精神)를 움츠려 들이며, 안으로 돌아오고, 정기(正氣)가 처음으로 돌아가면, 혈기(血氣)는 자연히 그 안에 증가하지 않고, 마음속이 텅 비면, 바로 이것을 중(中)이라 부르며, 또한 이것을 도심(道心)이라 부르고, 이것에 의하여 다시 동작한다. 단서(丹書)에 이르기를, "정(靜)하면 성(性)이 되고, 동(動)하면 의(意)가 되고, 교묘하게 운용하면 신(神)이 되니", 그러므로 권술이 다시 동작하여서, 수련하여 가면 이것을 선천(先天)의 진의(眞意)라고 부르고, 다만 신체 손발의 동작은, 곧 형(形)이 있는 것이므로, 이를 후천(後天)이라 부르며, 후천(後天)이 규구(規矩) 법칙에 합치하고, 선천(先天)의 진의(眞意)를 나타내며, 맨 처음 허(虛)로 환원함으로부터 최후로 허(虛)에 환원함에 이르기까지, 끝이 없이 순환하는 도리이고, 아무런 기미가 없는 덕(德)이며, 이 모두는 이름을 형의권의 도(道)라고 한다. 그 권술이 맨 처음 축적하는 진의(眞意)와 기(氣)가 가득 차 충분하고, 중립을 취하여 치우치지 않고, 화합하면서도 휩쓸리지 않고, 모습이 드러나 보이지 않으나, 이것을 권술 중의 내경(內勁)이라 부른다{내가(內家)권술의 명칭은 바로 이 이치이다}. 그 권술 중의 내경(內勁)을 처음 수련하면, 사람들은 그렇게 되는 그 이치를 모른다. 그 이치는 가장 미묘하기 때문에, 상세히 설명하지 않을 수 없는데, 후학들이 잘못된 길로 들어서지 않고, 처음 배워 기초를 터득하려면, 3해(害) 9요(要)의 규구(規矩)가 있다. 3해(害)를 저지르지 않고, 9요(要)가 그 도리를 잃지 않으면(八卦拳學은 이것을 상세히 설명한다), 손발의 동작이 규구(規矩)에 합치하고, 삼체식(三體式)의 본체를 잃지 않으면, 이것을 "호흡을 가다듬는다(調息)"라고 말한다. 수련할 때 입은 벌린 듯도 하고 아닌 듯도 하며, 입을 다문 듯도 하고 아닌 듯도 하며, 오직 그냥 자연스럽게 놔두고, 혀는 윗잇몸에 "받쳐 지탱하며(頂)", 콧구멍으로 숨을 내쉬어야 한다. 평소 수련하지 않을 때나, 그리고 방금 수련을 마쳤을 때에도, 입은 다물어야 하고, 벌려서는 안 되며, 항상 콧구멍으로 숨을 내쉬도록 한다. 말을 하거나 밥을 먹거나 차를 마실 때 입을 열어도 괜찮고, 이밖에는 언제나 혀는 윗잇몸에 "받쳐 지탱하며(頂)", 입을 다물고, 콧구멍으로 숨을 내쉬도록 신중히 해야 한다. 드러누워 잠잘 때에도 역시 이와 같으며, 수련하여서 손발이 서로 합치하고, 오르내리며 나아가고 물러남이 한결같이 일치함에 이르면, 이것을 "호흡이 고르다(息調)"라고 말한다. 손발의 동작이 만약 규구(規矩)에 합치하지 않고 상하(上下)가 일치하지 않으며 나아가고 물러나는 보법(步法)이 혼란스러우면, 호흡에 영향을 주는 숨이 고르지 않고 내쉬는 숨이 몹시 거칠며, 가슴부위가 답답해지면, 모두가 다 오르내리며 나아가고 물러나는 손발이나 보법(步法)이 규구(規矩)에 합치하지 않기 때문이다. 이것은 호흡이 고르지 못하다고 말하며, 호흡이 고르지 못하기 때문에 권법(拳法)과 신체가 순조로울 수가 없다. 권술 중의 내경(內勁)은, 권술 중의 규구(規矩)를 운용하며, 손발과 신체를 동작하고, 순응하는 중에 거스르며, 밖으로 흩어져 혼란스러운 사람의 신기(神氣)를 단전(丹田)의 안으로 움츠려 들여서, 단전(丹田)의 원기(元氣)와 서로 교섭하면 무(無)에서 유(有)가 되고, 미약하다가 현저해지며, 허(虛)에서 실(實)이 되고, 모두가 다 점점 축적하여 이루니, 이것을 권술 중의 내경(內勁)이라고 부른다. 단서(丹書)에 말하기를, 보통 사람의 호흡으로써 진인(眞人)의 호흡을 찾는다고 하며, 장자(莊子)가 말하기를 진인(眞人)의 호흡은 발꿈치로써 한다는 것도 역시 이 뜻이다. 권술이 호흡을 조절하여 후천적인 음기(陰氣)를 축적하여서, 만약 아랫배가 돌처럼 단단해지면, 이것은 후천의 기(氣)가 억지로 축적되어 있는 것이다. 반드시 호흡은 자연스러움에 완전히 내맡겨야 하고, 진실한 의념의 원신(元神)을 운용하여서, 단전(丹田)으로 인도하면, 배가 비록 "충실(實)"하나 허(虛)와 같고, 유(有)이되 무(無)와 같으니, 노자(老子)가 말하기를 끊임없이 있는 듯 하며, 또한 말하기를 그 마음을 비우면, 영성(靈性 : 영혼 총명)이 우매하지 않고, 도심(道心)을 진작하면 정기(正氣)가 언제나 보존되니, 역시 이 뜻이고, 이 도리는 바로 권술 중 내경(內勁)의 의미이다.

제7칙

형의권의 용법은 세 단계가 있다. 형(形)이 있고 상(相)이 있는 용법이 있고, 명(名)이 있고 상(相)이 있으나 적(跡 : 자취 흔적)이 없는 용법이 있고, 성(聲)이 있고 명(名)이 있으나 형(形)이 없는 용법이 있고, 형(形)이 없고 상(相)이 없고 성(聲)이 없고 취(臭)가 없는 용법이 있다. 권경(拳經)에 이르기를, 올라감은 강철줄칼 같고(올라가는 것은 떠나가는 것이다), 내려감은 구간(鉤竿 : 긴 자루 끝에 낫이 달린 옛날의 무기) 같고(내려가는 것은 돌아오는 것이다), 아직 올라가지 않음은 빼어내는 것과 같고, 아직 내려가지 않음은 매달린 것과 같다; 올라감은 화살과 같고, 내려감은 바람과 같고, 바람을 따라잡고 달을 뒤쫓으며 늦추지 않는다; 올라감은 바람과 같고, 내려감은 화살과 같고, 때려 눕혀도 아직도 느리다고 불만스럽게 생각한다; 발로 권술을 함이 7할이고 손으로 권술을 함이 3할이며, 5행(五行)과 4초(四梢)는 완전하게 합치해야 하고, 기(氣)는 생각과 연결되어 언제나 즉시 운용하고, 굳세게 타격하고 굳세게 나아가니 가로막는 것이 없다. 사람을 타격하기는 길을 걷는 것과 같고, 사람을 보기는 잡초같이 하며, 담력을 내면 바람소리가 울리는 것과 같고, 올라가고 내려감은 화살이 파고드는 듯 하다; 보(步)를 나아가서 이기지 못하면, 반드시 오싹하는 마음이 있으니, 이것은 초보적인 명경(明勁)이며, 형(形)이 있고 상(相)이 있는 용법이다. 암경(暗勁)에 도달한 때는, 용법이 더욱 교묘한데, 올라감은 엎드린 용이 하늘에 오르는 듯 하고, 내려감은 벼락이 땅에 치는 듯 하고, 올라감은 형(形)이 없고, 내려감은 "종적(蹤)"이 없고, 오르내림은 마치 땅을 휩쓰는 바람과 같다; 올라가려다 올라가지 않으면, 어찌 다시 올라갈 필요가 있는가, 내려가려다 내려가지 않으면, 어찌 다시 내려갈 필요가 있는가, 낮은 중에 높아지기를 바라고, 높은 중에 낮아지기를 바라며, 오르내리는 동작은 물이 파도를 뒤집는 것과 같으나, 뒤집지 않고 치솟아 오르지 않으며, 한 치라도 앞서 가려 하고, 발로 권술을 함이 7할이고 손으로 권술을 함이 3할이며, 5행(五行)과 4초(四梢)는 완전하게 합치해야 하고, 기(氣)는 생각과 연결되어 언제나 즉시 운용하고, 상대방 권식을 타파하여 가로막는 것이 없으니, 이것이 둘째 단계의 암경(暗勁)이며 형적(形跡)이 있거나 없는 용법이다. 권(拳)은 권(拳)이 없고, 의(意)는 의(意)가 없으며, 의(意)가 없는 중이 바로 진실한 의(意)이다; 타격할 때 몸의 어느 한 부위라도 그 조짐을 드러내지 않으며, 만약 조짐을 드러내면 능하지 못하다. 언제나 즉시 발출하고, 말하거나 침묵하거나, 일거일동 모든 행동거지는, 음식을 먹고 차를 마시는 겨를에 이르기까지 모두 다 용법이다. 사람이 있는 곳이거나 사람이 없는 곳이거나 모든 곳이 다 용법이다. 그러므로 들어가서 스스로 터득하지 않는 것이 없고, 가는 곳마다 그 도리를 얻으며, 고요하여 꼼짝도 않게 되면, 감응하여 저절로 통하게 되니, 이 모두가 다 화경(化勁)의 예측할 수 없는 변화의 용법이나, 그러나 운용하는 허실기정(虛實奇正) 또한 오로지 의(意)만 있어 기정허실(奇正虛實)에 운용해서는 안 된다. 허(虛)라는 것은, 결코 상대방에게 오로지 허(虛)만 운용하는 것이 아니다. 나의 손이 상대방 손의 위에 있고, 힘을 써서 끌어당겨 오며, 구간(鉤竿)을 내리는 것과 같으면, 이것을 실(實)이라 부른다. 나의 손이 상대방 손의 아래에 있고, 역시 힘을 써서 끌어당겨 오고, 상대방의 손이 나의 손에 가까이 하지 못하면, 이것을 허(虛)라 부른다. 오로지 허실(虛實)에 생각이 있는 것이 결코 아니고, 상대방의 형식(形式)에서 느끼는 것이다. 기정(奇正)의 이치 역시 그러하며, 기(奇 : 奇襲法)는 정(正 : 正攻法)이 아닌 것이 없고, 정(正)은 기(奇)가 아닌 것이 없고, 기(奇) 중에 정(正)이 있고, 정(正) 중에 기(奇)가 있으며, 기정(奇正)의 변화는 순환하여 끝이 없고, 쓰임새가 무궁하다. 권경(拳經)에 말하기를: "권(拳)이 가면 헛되이 돌아오지 않고, 헛되이 돌아오면 결국 기(奇)가 아니다"라고 하니, 바로 이 뜻이다.

제8칙

형의권술의 명경(明勁)은 소학(小學) 공부이다. 나아가거나 물러나며 올라가거나 내려가며, 좌로 돌거나 우로 돌며, 형식이 중간에 끊어짐이 있으므로 이를 소학(小學)이라고 부른다. 암경(暗勁)은 대학(大學)의 도(道)인데, 상하(上下)가 서로 연결되고, 수족(手足)이 서로 돌보고, 내외(內外)가 일치하고, 순환하여 끝이 없고, 형식이 중간에 끊어짐이 없으므로 이를 대학(大學)이라고 부른다. 이 비유는 그 권술이 그렇게 된 이치를 설명하는 것이다. 《논어(論語)》에 이르기를; "한 가지 이치로 모든 일을 꿰뚫는다(一以貫之)"라고 하며, 이 권술 역시 한 가지 이치로 모든 것을 꿰뚫는 도리를 추구한다. 음양(陰陽)이 뒤섞여 이루어지고, 강유(剛柔)가 서로 합치되고, 내외(內外)가 일치하면, 이를 화경(化勁)이라 부른다. 신(神)을 운용하여 "변화하여(化)" 가면, 아무런 낌새도 없는 정도에 이른다. 맹자(孟子)가 말하기를: "훌륭하여 감화시키니 이를 성(聖)이라 부르고, 성스러우며 알 수 없으니 이를 신(神)이라 부른다." 단서(丹書)에 말하기를, "형신(形神 : 외양과 정신)이 모두 묘연(杳然)하여서, 바로 도(道)와 합치하여 진실한 경지이다." 권경(拳經)에 말하기를: "권(拳)은 권(拳)이 없고, 의(意)는 의(意)가 없으며, 의(意)가 없는 중이 진실한 의(意)이다." 이와 같은 것은, 보이지 않아도 밝게 드러나고, 바꾸지 않아도 변화하며, 조작하지 않아도 이루어지고, 고요하여 꼼짝도 하지 않으나, 감응하여 마침내 통한다. 노자(老子)가 말하기를: "그 한 가지 이치를 얻으면 모든 일이 완성된다." 사람이 그 한 가지 이치를 얻으면 이를 "크다(大)"고 말하며, 권술 중의 내외가 일치하는 경(勁)을 적에게 사용하면, 당연히 굳세어야 하면 곧 굳세고, 당연히 부드러워야 하면 곧 부드럽고, 치솟아 떠올라 변화하고, 들어가서 자기 스스로 터득하지 않는 일이 없고, 또한 아무래도 괜찮다. 이것을 "한 가지 이치로 모든 일을 꿰뚫는다(一以貫之)"라고 말하며, 하나를 운용하여 비록 정통하더라도, 결국은 하나의 형적(形迹)이 있으니, 아직 좋은 정도에 도달하지 못하고, 그러므로 하나를 화(化)하여 가야하며, 화(化)하여 허무(虛無)의 경지에 도달하면, 이를 진실하고 허(虛)하고 공(空)하다고 말한다. 이와 같이 훌륭하여 감화시키니 이를 성(聖)이라 부르고, 성스러우며 알 수 없으니 이를 신(神)이라 부르는 도리가 완성된다.

제9칙

  권술의 방법은, 자신이 신체를 단련해야 하고, 이로써 질병을 없애고 수명을 연장하며, 크게 어려운 것은 없다. 만약 다른 사람과 겨루면, 이것은 쉬운 일이 아니다. 첫째로 마음을 다잡아 신중하고, 나를 알고 적을 알아야 하며, 교만해서는 안 되고, 교만하면 반드시 패한다. 만약 서로 아는 사람이고, 오랫동안 같이 있었으며, 어떤 권술을 수련하였고, 무예의 깊이를 피차 모두 알며, 혹은 발을 즐겨 사용하는지, 혹은 손을 잘 사용하는지, 그 대강을 모두 알아도, 누가 이기고 누가 질지는, 또한 말하기 어렵다. 만약에 모르는 사람과 처음 만나면, 어떤 종류의 권술을 수련하였고 어떤 수법을 쓸지 서로 모르나, 만약 맞붙어 싸우기만 하면, 그 무예가 얕은 사람은 자연히 즉시 서로 비교되어 부족함이 드러난다. 만약 모두 능숙한 솜씨인 두 사람이 겨루면, 승리를 장담하기 매우 어렵다. 당연히 알아야 할 사람을 맞대면하면, 먼저 그 사람을 자세히 살펴야 하는데, 정신이 허령(虛靈)한지 아닌지, 기질(氣質)이 당당하고 두터운지 아닌지, 신체가 활발한지 아닌지, 그 위에 그 말하는 사리를 자세히 살펴야 하는데, 겸손한지 뽐내는지, 그 말하는 바가 그 사람의 신기(神氣)나 신체동작과 서로 일치하는지 아닌지를 살핀다. 이 세 가지를 관찰하면, 상대방의 무예는 그 대강을 알 수 있다. 무예를 겨룰 때는, 상대방이 먼저 움직이거나 내가 먼저 움직이거나, 반드시 지세(地勢)의 멀고 가까움이나 위험하거나 넓고 좁음 그리고 막히거나 통함을 판별해야 한다. 만약 두 사람이 떨어진 거리가 극히 가까우면, 상대방이 주먹을 발출하거나 발을 발출하거나, 모두 내 몸을 상하게 할 수 있으므로, 바로 권경(拳經)에서 말하는바 눈은 응당 매서워야 하고, 손은 응당 "교묘해야(奸)" 하며(奸은 바로 巧이다), 발은 중문(中門)을 밟고 안으로 파고들어야 한다. 눈은 감시하여 살피는 정

(精)이 있고, 손은 제쳐 돌리는 능(能)이 있고, 발은 경로를 이동해 가는 공(功)이 있고, 양 팔꿈치는 옆구리를 떠나지 않고, 양 손은 심(心)을 떠나지 않고, 들락날락함은 긴밀히 몸을 따르고, 그 방비가 없음을 틈타 공격하고, 그 뜻밖의 느닷없음으로 나가니, 이것은 가까운 위치에서 빨라야 한다는 뜻이다. 두 사람이 서로 떨어진 위치가 멀어서, 혹은 3·4보(步)이거나 혹은 5·6보(步)로 다르면, 곧장 달려들어서는 안 되는데, 아마도 상대방은 쉬면서 힘을 비축했다가 피로한 적을 맞아 싸울 것이므로, 내가 권(拳)을 발출하기를 기다리지 않고, 상대방이 먼저 권(拳)을 발출한다. 그러므로 바야흐로 움직이려 할 때, 신기(神氣 : 낌새 기미)를 밖으로 드러내지 말고, 의도가 없는 상황인 것처럼 보이며, 천천히 걸어서 상대방과 가까운 위치에 이르고, 기회를 보아 이용하는데, 상대방이 움직이려는 기미가 바야흐로 드러나면, 나는 즉각 재빨리 달려들어 가며, 장(掌)이나 권(拳)으로, 좌(左)로 따르면 좌(左)를 타격하고, 우(右)로 따르면 우(右)를 타격하며, 상대방의 강유(剛柔), 나의 진퇴(進退), 올라가고 내려가는 변화는 반드시 기회를 보아 행동하니, 이것을 먼 곳은 느긋하게 대처한다고 말한다. 내가 서있는 지세(地勢)가 유리한지 불리한지는, 또한 상대방에 따라서 이용해야 하고, 융통성 없이 구속되어서는 안 된다. 정정화(程廷華)선생도 말하기를: "상대방과 겨룰 때, 상대방의 강유(剛柔)를 살펴서, 힘이 센지 간교(奸巧)한지를 보고, 상대방이 강하면 내가 부드럽고, 상대방이 부드러우면 내가 강하고, 상대방이 높으면 내가 낮고, 상대방이 낮으면 내가 높고, 상대방이 길면 나는 짧고, 상대방이 짧으면 내가 길고, 상대방이 벌리면 나는 합하고, 상대방이 합하면 나는 벌리고, 혹은 내가 홀연히 벌리고 홀연히 합하며, 홀연히 강하고 홀연히 부드러우며, 홀연히 올라가고 홀연히 내려가며, 홀연히 짧고 홀연히 길며, 홀연히 오고 홀연히 가니, 기존의 방법에 구속되어서는 안 되고, 반드시 적의 정황을 판단하여

행동한다. 비록 적을 이길 수는 없어도, 또한 적에게 돌연히 패하지 않으며, 언제나 반드시 신중함을 중요하게 여긴다.

제10칙

권경(拳經)에 말하기를: "상하(上下)가 연결되고, 내외(內外)가 하나로 합치된다." 일반적으로 말하기를: "상하(上下)는 수족(手足)이다." 권술 중의 도리에 따라서 말하자면, 상부 호흡의 기(氣)와 하부 호흡의 기(氣)가 만나는 것이고, 이것은 상하(上下)가 연결되고 심(心 : 심장)과 신(腎 : 콩팥)이 교제하는 것이다. 내외(內外)가 하나로 합치된다는 것은, 마음속의 신의(神意 : 정신 의지)가 해저(海底 : 會陰)에 집중하여서, 뱃속이 고요한 상태가 오래 지속되면 움직이는데, 해저(海底)의 기(氣)는 미미(微微)하게 아래에서 위로 올라가, 신의(神意)와 교류하여 단전(丹田) 중으로 모이고, 온몸에 운행하여 관통하여서, 사지(四肢)에 막힘이 없이 잘 통하며, 융합하여 매우 잘 어울린다. 이와 같아야 비로소 상하(上下)가 연결되고, 수족(手足)이 저절로 서로 호응하여 보살피고, 내외(內外)가 합하여서 하나가 되는 것이다.

제11칙

권술을 수련하려면 고집불통이어서는 안 되는데, 만약 오로지 력(力)을 추구하면, 곧 력(力)에게 구속당하고; 오로지 기(氣)를 추구하면, 곧 기(氣)에게 구속당하고; 만약 오로지 침중(沈重)함을 추구하면, 곧 침중(沈重)함에 억매여 처지고; 만약 오로지 날렵함을 추구하면, 신기(神氣)는 곧 들떠 날렵함에 의해 흐트러진다. 그렇게 되는 까닭에, 수련하는 형식이 적합한 사람은, 자연히 힘이 있고; 내부가 치우침 없이 조화된 사람은, 자연히 기(氣)가 생겨나고; 신의(神意)를 단전(丹田)에 집중하는 사람은, 몸이 자연히 태산처럼 무겁고; 신기(神氣)를 하나로 합치하여 허공(虛空)으로 변화한 사람은, 자연히 몸이 깃털처럼 가벼우니, 그러므로 편향되게 몰두하여 추구해서는 안 된다. 설령 추구하여 얻은 바가 있어도, 역시 유(有)는 무(無)와 같고, 실(實)은 허(虛)와 같고, 잊어버리지 말고 조장하지도 말고, 애쓰지 않아도 들어맞고, 생각하지 않아도 얻으니, 침착한 태도로 도(道)에 합치할 뿐이다.

제12칙

형의권술의 횡권(橫拳)은, 선천적인 횡(橫)이 있고, 후천적인 횡(橫)이 있고, 한 줄의 횡(橫)이 있다. 선천적인 횡(橫)이란 것은, 움직이지 않다가 움직여서 형(形)이 없는 횡권(橫拳)이 되며, 횡(橫)이란 것은 중(中 : 치우침이 없이 불편부당함)이다. 역(易 : 周易)에 말하기를: "중앙에서 두루 살펴 사리에 통달하고, 한가운데에 위치하여 본체 중에 처한다"라고 하니, 바로 이 뜻이다. 권경(拳經)에 말하기를: "'일으켜 올림(起)'은 형(形)이 없고, '일으켜 올림(起)'은 횡(橫)이 되며, 모두가 다 그러하다{이 기(起) 글자는 내부의 일으켜 올림이고, 허무(虛無)에서 유(有)가 생겨나며, 진실한 의(意)가 싹트기 시작할 때, 권술 중에서는 이를 횡(橫)이라 부르고, 또한 이를 기(起)라고 부른다}." 이 횡(橫)은 이름은 있으나 형(形)이 없고, 여러 형(形)들의 근본이 되며, 만물이 모두 그 중에 함유하여 기르고, 그 횡(橫)은 바로 권술 중의 태극(太極)이다. 후천적인 횡(橫)이란 것은, 권술 중의 밖으로 모습을 드러내는 수족(手足)이 동작함을 바로 이름지어 횡(橫)이라 하고, 이 횡(橫)은 명(名)이 있고 식(式)이 있으나, 횡(橫)의 상(相 : 자태 모습)이 없다. 머리 손 발{어깨 팔꿈치 과(胯) 무릎을 7권(拳)이라 이름 짓는다}에 의거하여 밖으로 모습을 드러내는 7권(拳)이 동작함을 바로 이름지어 횡(橫)이라 하고, 또한 여러 권식(拳式)의 중요한 핵심이며, 모든 법(法)이 또한 모두 그 안에서 생겨난다.

제13칙

형의권술의 첫 단계인 명경(明勁)은, 정(精)을 수련하여 기(氣)로 화한다고 말하며, 단도(丹道) 중의 무화(武火)이다. 둘째 단계인 암경(暗勁)은, 기(氣)를 수련하여 신(神)으로 화한다고 말하며, 단도(丹道) 중의 문화(文火)이다. 셋째 단계인 화경(化勁)은, 신(神)을 수련하여 허(虛)로 환원한다고 말하며, 단도(丹道) 중의 화후(火候 : 丹藥을 만들 때 알맞은 불의 세기와 시간 · 수련의 정도)가 숙련된 것이다. 화후(火候)가 숙련되면 내외(內外)가 한 기(氣)를 이루고, 더욱 수련하면 또한 경(勁)이 없고, 또한 화(火)가 없는데, 이를 허(虛)를 수련하여 도(道)에 합치한다고 말하며, 사람의 모든 행동거지를 초래하고, 말하거나 침묵하거나, 가는 곳마다 그 도(道)에 합치한다. 권경(拳經)에 말하기를: "권(拳)은 권(拳)이 없고, 의(意)는 의(意)가 없으며, 의(意)가 없는 중이 진실한 의(意)이다." 여기에 이르면 아무런 낌새도 없는 덕(德)이 지극해진다. 옛 사람이 시(詩)를 지어 말하기를: "도(道)는 본래 저절로 한 기(氣)가 자유로이 떠돌고, 텅 비어 고요함은 가장 구하기 어렵다. 모든 법(法)을 잘 알아도 다 쓸모가 없고, 신형(身形)은 응당 물이 흐르는 것 같아야 한다."

제14칙

권술이 추구하는 도(道)는, 대개는 모두가 다 하도(河圖)와 낙서(洛

書)의 이치이다. 이로써 형상을 골라 뽑아 이름을 짓고, 숫자의 이치를 아울러 갖추어야 하며, 그 사람의 동작이 저절로 그러함에 따라서, 법칙(法則)을 만들어내고, 사람의 신체는 힘써 노력한다. 옛사람이 말하기를: "하늘은 8풍(風 : 8방에서 불어오는 바람)이 있고, 역(易)은 8괘(卦)가 있고, 사람은 8맥(脉)이 있고, 권술은 8세(勢)가 있으니, 그러므로 권술은 8괘(八卦)의 변화가 있다. 8괘(八卦)라는 것은 둥근 형상이다. 하늘은 9천(九泉 : 황천)이 있고, 별은 9야(九野 : 구중천·가장 높은 하늘)가 있고, 사람은 9규9수(九竅九數)가 있고, 권술은 9궁(九宮)이 있으니, 그러므로 권술은 9궁(九宮)의 방위가 있다. 9궁(九宮)이란 것은 방(方)의 뜻이 있다." 옛사람들은 9부(九府 : 周代의 財政을 관장한 9官府)로써 원만한 법(法)을 만들었고, 9실(九室)로써 명당(明堂)을 삼고, 9구(九區)로써 공부(貢賦 : 세금부과)로 삼고, 9군(九軍)으로써 진법(陣法)을 만들고, 9규9수(九竅九數){9수(九數)라는 것은, 바로 9절(九節)인데, 머리는 초절(梢節)이고, 심(心)은 중절(中節)이고, 단전(丹田)은 근절(根節)이다; 손은 초절이고, 팔꿈치는 중절이고, 어깨는 근절이다; 발은 초절이고, 무릎은 중절이고, 과(胯)는 근절이다. 3·3은 도합 9절이다}로써 권술을 만들었다. 모두 9를 사용하니, 그 이치 또한 묘하다. 하도낙서(河圖洛書)는 모두 천지자연의 수(數)에서 나오고, 우(禹 : 夏나라를 세운 禹王)의 범(範 : 전범)이나 대요(大撓 : 黃帝의 신하로서 60갑자를 만들고 干支를 배치함)의 력(歷 : 역법)은 모두 성인이 천지에서 얻은 심법(心法)이다. 나는 노농(老農 : 李洛能)선생이 전수한 9궁도(九宮圖)를 받았는데, 그 이치 또한 여기에서 나왔고, 운용이 신묘하고 변화가 무상하여 예측할 수 없다. 이 9궁도(九宮圖)의 도리는 평범하고 어리석은 사람도 알 수 있고 해낼 수 있으나, 그 지극함에 이르면, 비록 성인일지라도 또한 알지 못하고 할 수 없는 바가 있다. 그 9궁도(九宮圖)의 형식은 구궁(九宮)의 도(道)를 나는 듯이 매우 빨리 1에서 9에 이르고, 9에서 1로 되돌아가는 이치이다. 긴 막대기 9개를 사용하여 배치하는데, 4정(四正 : 동서남북)에 4개, 4우(四隅 : 남동 남서 북동 북서)에 4개, 중앙에 1개이다. 막대기는 굵기에 구애받지 않고, 처음 수련하려면 장소가 넓어야 하고, 막대기가 서로 떨어진 거리는 멀어야 하고, 대략 혹은 1장(一丈 : 3.33m) 크기의 사각형이거나, 혹은 1장(一丈) 남짓하거나, 혹은 2장(丈)이거나, 치수에 구애받지 않는다. 수련하여서 이미 익숙해지면, 점점 축소하는데, 양 막대기의 서로 떨어진 거리가 겨우 몸이 빠져 나가며 왕래할 정도로 축소되어서, 모양이 흐르는 물과 같고, 자유자재로 선회하여 돌며, 세워진 막대기에 거치적거리지 않는다. 빙빙 선회하여 도는 형식은, 12형(形)을 사용하는데, 혹은 "새매가 숲으로 들어가는(鷂子入林)" 초식처럼 몸을 뒤집는 기교(技巧)나, 혹은 뱀이 풀을 헤쳐 구멍으로 들어가는 초식과 같은 교묘함이나, 혹은 원숭이가 훌쩍 솟구쳐 뛰어오르는 초식과 같은 민첩함이나, 각 형(形)의 교묘함은 무엇이든지 다 사용한다. 이 9궁도(九宮圖)의 효력은, 권술을 할 줄 모르는 사람이 방법에 따라서 걸으면 먹은 것의 소화를 돕고, 혈맥을 유통시킨다; 혹은 권술을 수련하였으나 보법(步法)이 기민하게 동작하지 못하는 사람은, 방법에 따라서 걸으면 민첩하게 동작할 수 있다; 권술을 수련하면서 신체가 얽매인 듯 거북한 사람은, 방법에 따라서 걸으면 신체가 민활하게 트인다; 권술을 수련하면서 마음속이 고착되어 답답한 사람은, 방법에 따라서 걸으면 신통하게 교묘해진다. 남녀노소를 막론하고, 모두 할 수 있으며, 질병을 없애고 수명을 연장할 수 있으며, 신체를 강하고 튼튼하게 하는 등의 훌륭한 방법은 말로는 다 설명할 수 없다. 권경(拳經)에 말하기를: "권술을 하는 것은 마치 길을 걷는 것과 같고, 상대방을 보기를 잡초같이 여긴다. 무예(武藝)가 모두 도(道)이나 변치 않는 일정한 원칙은 없고, 마음대로 변화함이 무궁하다. 내가 갓난아이처럼 놀 줄을 어찌 알았겠는가? 세상의 이치대로 하는 것이 진실한 형식이다." 아무리 다양한 변화도 한 가지 형식의 도리이며, 또한 모두 그 중에 있다. 이 9궁도(九宮圖)는 배우는 사람을 밝혀 헤아리게 하여서, 이 9궁도(九宮圖)의 이치를 알 수 있다. 팔괘권(八卦拳)을 수련하는 사람은 이 9궁도(九宮圖)의 도리를 통달할 수 있으며, 이 9궁도(九宮圖)는 또한 유희 삼아 운동할 수 있다. 방법에 따라서 걸으며 수련할 때, 혀는 입천장에 받쳐 지탱한다. 권술을 배우지 않아 모르는 사람은, 걸을 때 양 손은 굽히거나 펴거나 자유로이 한다. 권술을 배워 아는 사람은, 자신이 깨달은 법칙에 따라서 운용하면 된다. 어떻게 운동하는지를 막론하고, 좌로 돌거나 우로 돌아도, 양 손과 신체는 세워진 막대기를 건드려 움직이지 않는 것이 중요하다. 이 9궁도(九宮圖)는 신체를 운동하는 것에 그칠 뿐만 아니라, 검술(劍術)의 방법 또한 그 중에 감추어 포함해 있다. 이 9가닥 막대기의 높낮이는, 반드시 사람의 키보다 약간 높고, 진흙이나 나무로 만든 받침대 안에 막대기를 꽂아 이동할 수 있게 하여서 수련하는데, 막대기를 사용하여 수련할 때는 9궁(九宮)으로 배치하고, 수련하지 않을 때는 거두어서 한 곳에 건사하고, 만약 장소가 넉넉하면, 움직이지 않도록 하여도 된다. 만약 막대기가 없을 때는, 벽돌이나 돌멩이를 9궁(九宮)으로 배치하여도 되고, 벽돌이나 돌멩이가 없으면 9개의 작은 동그라미를 그려놓고 걸어도 된다. 요컨대 아무래도 막대기로써 수련하는 것이 가장 좋다. 이러한 방법으로 수련하되, 처음에는 1 2 3 4 5 6 7 8 9의 노선에 따르고, 되돌아서 9 8 7 6 5 4 3 2 1로 한다. 이 9궁도(九宮圖) 바깥쪽 4정(四正)과 4우(四隅)의 8가닥 막대기는 8괘(八卦)를 비유하고, 또한 중앙에 해당하는 1가닥을 더하여 도합 9개의 문(門)을 비유하는데, 능숙하게 수련하면, 어느 문(門)이라도 시작하는 지점이 될 수 있고, 원래 지점으로 돌아오려면, 중문(中門)을 벗어날 수 없으니, 즉 중앙의 5궁(五宮)이다. 1에서 2에 이르고 2에서 3에 이르며 9에 이르도록 걷고, 되돌려가서 9에서 8에 이르고 8에서 7에 이르며, 다시 1에 돌아온다. 이 9궁도(九宮圖)의 동그라미 하나는 막대기 한 가닥이고, 1에서 9에 이르고, 9에서 1로 돌아오니, 즉 운행하는 노선이며, 이름을 비9궁(飛九宮)이라 하고, 또한 이름을 음8괘(陰八卦)라 한다. 하도(河圖)의 이치가 안으로 감추어져 있고, 낙서(洛書)의 도리가 밖으로 드러나 있다. 그러므로 권술의 도리는 체용(體用)을 모두 갖추고, 수리(數理)를 겸비하며, 성명(性命 : 마음과 몸)을 함께 닦고, 건곤(乾坤)이 서로 호응하며, 내외(內外)를 합하여 하나가 되는 것이다. 이 9궁도(九宮圖)를 걸으며 수련하는 "마음가짐(意 : 意念)"은, 9가닥 막대기는 9명의 사람과 같고, 한 사람이 9명을 대적하는 것과 같으며, 좌우로 빙빙 회전하고, 굽혔다 펴며 왔다 갔다 하고, 나는 듯이 뛰어올라 변화하며, 날쌔게 피하고 이동한다. 그 중의 방법은 규칙에 따르고, 그 중의 묘용(妙用)은 또한 자신이 스스로 깨달아야 한다. 그 9궁도(九宮圖)의 도리는, 또한 건곤(乾坤) 두 괘(卦)의 이치와 화합하고, 64괘(卦)의 형식 모두 그 중에 포함해 있다. 현명한 사람은 그 큰 도리를 알아내고, 현명하지 못한 사람은 그 작은 도리를 알아내니, 이를 얻기만 하면 모두가 권술의 오묘한 도리이다.

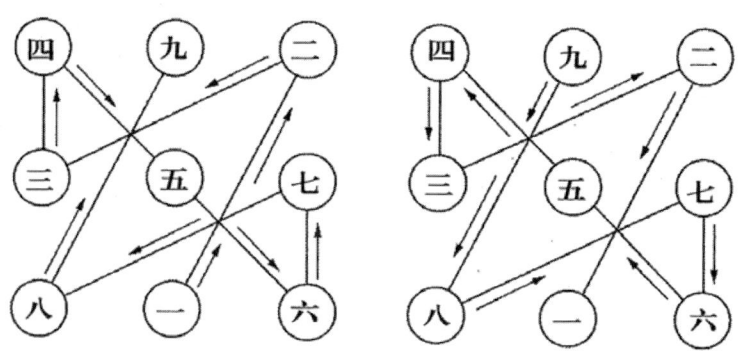

第一則

郭雲深先生云: 形意拳術有三層道理, 有三步功夫, 有三種練法.

三層道理：
(一)練精化氣; (二)練氣化神; (3)練神還虛(練之以變化人之氣質, 復其本然之眞也).

三步功夫;
(一)易骨. 練之以築其基, 以壯其體, 骨體堅如鐵石, 而形式氣質, 威嚴狀似泰山.
(二)易筋. 練之以騰其膜, 以長其筋(俗云筋長力大), 其勁縱橫聯絡, 生長而無窮也.
(三)洗髓. 練之以清虛其內, 以輕鬆其體. 內中清虛之象, 神氣運用圓活無滯, 身體動轉其輕如羽. 拳經云; 三回九轉是一式. 卽此意也.

三種練法
(一)明勁. 練之總以規矩不可易, 身體動轉要和順而不可乖戾, 手足起落要整齊而不可散亂. 拳經云: 方者以正其中. 卽此意也.
(二)暗勁. 練之神氣要舒展而不可拘, 運用圓通活潑而不可滯. 拳經云: 圓者以應其外. 卽此意也.
(三)化勁. 練之周身四肢動轉, 起落進退, 皆不可着力, 專以神意運用之, 雖是神意運用, 惟形式規矩仍如前兩種不可改移. 雖然周身動轉不着力, 亦不能全不着力, 總在神意之貫通耳. 拳經云: 三回九轉是一式. 卽此意也.

一．明勁

明勁者, 卽拳之剛勁也. 易骨者, 卽煉精化氣易骨之道也. 因人身中先天之氣與後天之氣不合, 體質不堅, 故發明其道. 大凡人之初, 生性無不善, 體無不健, 根無不固, 純是先天. 以後知識一開, 靈竅一閉, 先後不合, 陰陽不交, 皆是後天血氣用事. 故血氣盛行, 正氣衰弱, 以致身體筋骨不能健壯. 故昔達摩大師傳下易筋洗髓二經, 習之以強壯人之身體, 還其人之初生本來面目. 後宋岳武穆王擴充二經之義, 作爲三經, 易骨・易筋・洗髓也. 將三經又制成拳術, 發明此經道理之用. 拳經云: 靜爲本體, 動爲作用, 與古之五禽・八段練法有體而無用者不同矣. 因拳術有無窮之妙用, 故先有易骨・易筋・洗髓, 陰陽混成, 剛柔悉化, 無聲無臭, 虛空靈通之全體, 所以有其虛空靈通之全體, 方有神化不測之妙用. 故因此拳是內外一氣, 動靜一源, 體用一道, 所以靜爲本體, 動爲作用也. 因人爲一小天地, 無不與天地之理相合, 惟是天地之陰陽變化皆有更易. 人之一身既與天地道理相合, 身體虛弱剛戾之氣, 豈不能易乎? 故更易之道, 弱者易之強, 柔者易之剛, 悖者易之和, 所以三經者皆是變化人之氣質, 以復其初也. 易骨者, 是拳中之明勁, 練精化氣之道也. 將人身中散亂之氣, 收納于丹田之內, 不偏不倚, 和而不流, 用九要之規模鍛煉, 練至于六陽純全, 剛健之至, 卽拳中上下相連, 手足相顧, 內外如一, 至此, 拳中明勁之功盡, 易骨之勁全, 練精化氣之功亦畢矣.

二．暗勁

暗勁者, 拳中之柔勁(柔勁與軟不同, 軟中無力, 柔非無力也). 卽練氣化神易筋之道也. 先練明勁而後練暗勁, 卽丹道小周天止火, 再用大周天功夫之意. 明勁停手卽小周天之沐浴也. 暗勁手足停而未停, 卽大周天四正之沐浴也. 拳中所用之勁是將形・氣・神(神卽意也)合住, 兩手往後用力拉回(內中有縮力), 其意如撥鋼絲. 兩手前後用勁, 左手往前推,右手往回拉,或右手往前推,左手往回拉,其意如撕絲棉. 又如兩手拉硬弓,要用力徐徐拉開之意, 兩手或右手往外翻橫, 左手往裏裹勁, 或左手往外翻橫, 右手往裏裹勁, 如同練鼉形之兩手, 或是練連環拳之包裹拳. 拳經云:"裹者如包裹之不露."兩手往前推勁,如同推有輪之重物,往前推不動之意,又似推動而不動之意. 兩足用力,前足落地時,足跟先着地,不可有聲,然後再滿足着地,所用之勁,如同手往前往下按物一般,後足用力蹬勁,如同邁大步過水溝之意. 拳經云:"脚打踩意不落空."是前足,消息全憑後脚蹬,是後足,馬有迹蹄之功,皆是言兩足之意也. 兩足進退, 明勁·暗勁兩段之步法相同, 惟是明勁則有聲, 暗勁則無聲耳.

三. 化勁

化勁者, 卽練神還虛, 亦謂之洗髓之功夫也. 是將暗勁練到至柔至順, 謂之柔順之極處, 暗勁之終也. 丹經云:"陰陽混成, 剛柔悉化, 謂之丹熟." 柔勁之終, 是化勁之始也. 所以再加向上功夫, 用練神還虛至形神俱杳, 與道合眞, 以至于無聲無臭, 謂之脫丹矣. 拳經謂之拳無拳意無意, 無意之中是眞意, 是謂之化勁. 練神還虛, 洗髓之功畢矣. 化勁者, 與練划勁不同, 明勁·暗勁亦皆有划勁. 划勁是兩手出入起落俱短, 亦謂之短勁, 如同手往着牆抓去, 往下一划, 手仍回在自己身上來, 故謂之划勁. 練划勁者, 與前兩步功夫之形式無異, 所用之勁不同耳. 拳經云:"三回九轉是一式", 是此意也. 三回者, 練精化氣, 練氣化神, 練神還虛, 卽明勁·暗勁·化勁是也. 三回者, 明·暗·化勁是一式. 九轉者, 九轉純陽也, 化至虛無而還于純陽, 是此理也. 所練之時, 將手足動作順其前兩步之形式, 皆不要用力, 并非頑空不用力, 周身內外全用眞意運用耳. 手足動作所用之力有而若無, 實而若虛, 腹內之氣, 所用亦不着意, 亦非不着意, 意在積蓄虛靈之神耳. 呼吸似有似無, 與丹道功夫, 陽生至足采取歸爐, 封固停息, 沐浴之時, 呼吸相同, 因此似有而無, 皆是眞息, 是一神之妙用也. 莊子云: 眞人之呼吸以踵, 卽是此意. 非閉氣也, 用功練去不要間斷, 練到至虛, 身無其身, 心無其心, 方是形神俱妙, 與道合眞之境. 此時能與太虛同體矣. 以後練虛合道, 能至寂然不動, 感而遂通, 無入而不自得, 無往而不得其道, 無可無不可也. 拳經云:"固靈根而動心者, 武藝也. 養靈根而靜心者, 修道也." 所以形意拳術, 與丹道合而爲一者也.

第二則

形意拳, 起點三體式, 兩足要單重, 不可雙重. 單重者, 非一足着地, 一足懸起, 不過前足可虛可實, 着重在于後足耳. 以後練各形式亦有雙重之式, 雖然是雙重之式, 亦不離單重之重心, 以至極高·極俯·極矮·極仰之形式, 亦總不離三體式單重之中心, 故三體式爲萬形之基礎也. 三體式單重者, 得其中和之起點, 動作靈活, 形式一氣, 無有間斷耳. 雙重三體式者, 形式沈重, 力氣極大, 惟是陰陽不分, 乾坤不辨, 奇偶不顯, 剛柔不判, 虛實不分, 內開外合不淸, 進退起落動作不靈活. 所以形意拳三體式, 不得其單重之中和, 先後天亦不交, 剛多柔少, 失却中和, 道理亦不明, 變化亦不通, 自被血氣所拘, 拙勁所捆, 此皆是被三體式雙重之所拘也. 若得着單重三體式中和之道理, 以後行之, 無論單重·雙重各形之式, 無可無不可也.

第三則

形意拳術之道, 練之極易, 亦極難. 易者, 是拳術之形式至易至簡而不繁亂, 其拳術之始終·動作運用, 蓋人之所不慮而知, 不學而能者也. 周身動作運用, 亦皆平常之理, 惟人之未學時, 手足動作運用無有規矩, 而不能整齊. 所教授者, 不過將人之不慮而知·不學而能·平常所運用之形式入子規矩之中，四肢動作而不散亂者也．果練之有恒而不間斷，可以至于至善矣．若到至善處，諸形之運用，無不合道矣．以他人觀之，有一動一靜・一言一默之運用，奧妙不測之神氣，然而自己并不知其善于拳術也．因動作運用皆是平常之道理，無強人之所難，所以拳術練之極易也．《中庸》云："人莫不飲食也，鮮能知味也．"難者，是練者厭其拳之形式簡單，而不良于觀，以致半途而廢者有之，或是練者惡其道理平常，而無有奇妙之法則，自己專好剛勁之氣，身外又務奇異之形，故終身練之而不能得着形意拳術中和之道也，因此好高騖遠，看理偏僻，所以拳術之道理，得之甚難．《中庸》云："道不遠人，人之爲道而遠人．"卽此意也．

第四則

　　形意拳術之道無他，神・氣二者而已．丹道始終全仗呼吸，起初大小周天，以及還虛之功者，皆是呼吸之變化耳．拳術之道亦然，惟有鍛煉形體與筋骨之功．丹道是靜中求動，動極而復靜也，拳術是動中求靜，靜恒而復動也．其初練之似異，以至還虛則同．形意拳經云："固靈根而動心者，武藝也，養靈根而靜心者，修道也．"所以形意拳之道，卽丹道之學也．丹道有三易，煉精化氣・煉氣化神・煉神還虛．拳術亦有三易，易骨・易筋・洗髓．三易卽拳中明勁・暗勁・化勁也．練至拳無拳，意無意，無意之中是眞意，亦與丹道煉虛合道相合也．丹道有最初還虛之功，以至虛極靜篤之時，下元眞陽發動，卽速回光返照，凝神入氣穴，息息歸根，神氣未交之時，存神用息，綿綿若存，念茲在茲，此武火之謂也．至神氣已交，又當忘息，以致采取歸爐・封固・停息・沐浴・起火・進退・昇降・歸根．俟動而復練，練至不動爲限數足滿止火，謂之坎離交姤，此爲小周天以至大周天之功夫，無非自無而生有，由微而至著，由小而至大，由虛而積實，皆呼吸火候之變化. 文武剛柔, 隨時消息, 此皆是順中用逆, 逆中行順, 用其無過不及, 中和之道也. 此不過略言丹道之概耳. 丹道與拳術并行不悖, 故形意拳術非粗率之武藝. 余恐後來練形意拳術之人, 只用其後天血氣之力, 不知有先天眞陽之氣, 故發明形意拳術之道, 只此神·氣二者而已. 故此先言丹道之大概, 後再論拳術之詳情.

第五則

郭雲深先生言, 練形意拳術有三層之呼吸.

第一層練拳術之呼吸, 將舌卷回, 頂住上齶, 口似開非開, 似合非合, 呼吸任其自然, 不可着意于呼吸, 因手足動作合于規矩, 是爲調息之法則, 亦即練精化氣之功夫也.

第二層練拳術之呼吸, 口之開合·舌頂上齶等規則照前, 惟呼吸與前一層不同. 前者手足動作, 是調息之法則, 此是息調也. 前者口鼻之呼吸不過借此以通內外也. 此二層之呼吸, 着意于丹田之內呼吸也, 又名胎息, 是爲練氣化神之理也.

第三層練拳術之呼吸與上兩層之意又不同, 前一層是明勁, 有形于外; 二層是暗勁, 有形于內. 此呼吸雖有而若無, 勿忘勿助之意思, 即是神化之妙用也. 心中空空洞洞, 不有不無, 非有非無, 是爲無聲無臭, 還虛之道也. 此三種呼吸爲練拳術始終本末之次序, 即一氣貫通之理, 自有而化無之道也.

第六則

人未練拳術之先, 手足動作順其後天自然之性, 由壯而老以至于死. 道家逆運先天, 轉乾坤, 扭氣機, 以求長生之術. 拳術亦然, 起點從平常之自然之道逆轉, 其機由靜而動, 再由動而靜, 成爲三體式. 其姿勢, 兩足要前虛後實, 不俯不仰, 不左斜, 不右歪, 心中要虛空, 至靜無物, 一毫之血氣, 不能加於其內, 要純任自然虛靈之本體, 由著本體而再萌動練去, 是爲拳中純任自然之眞勁, 亦爲人之本性, 又謂之丹道最初還虛之理, 亦爲之明善復初之道. 其三體式中之靈妙, 非有眞傳不能知也, 內中之意思, 猶丹道之點玄關大學之言明明德, 孟子所謂養浩然之氣, 又與河圖中五之一點太極先天之氣相合也. 其姿勢之中, 非身體兩腿站均當中之中也, 其中, 是用規矩之法則, 縮回身中散亂馳外之靈氣, 返歸於內, 正氣復初, 血氣自然不加於其內, 心中虛空, 是之謂中, 亦謂之道心, 因此再動. 丹書云, "靜則爲性, 動則爲意, 妙用則爲神", 所以拳術再動, 練去謂之先天之眞意, 則身體手足動作, 卽有形之物, 謂之後天, 以後天合著規矩法則, 形容先天之眞意, 自最初還虛, 以至末後還虛, 循環無端之理, 無聲無臭之德, 此皆名爲形意拳之道也. 其拳術最初積蓄之眞意與氣, 以致滿足, 中立而不倚, 和而不流, 無形無相, 此謂拳中之內勁也(內家拳術之名卽此理也). 其拳中之內勁最初練之, 人不知其所以然之理. 因其理最微妙, 不能不詳言之, 免後學入於歧途, 初學入門, 有三害九要之規矩. 三害莫犯, 九要不失其理(八卦拳學詳之矣), 手足動作, 合於規矩, 不失三體式之本體, 謂之調息. 練時口要似開非開, 似合非合, 純任自然, 舌頂上齶, 要鼻孔出氣. 平常不練時, 以至方練完收式時, 口要閉, 不可開, 要時時令鼻孔出氣. 說話吃飯喝茶時可開口, 除此之外, 總要舌頂上齶, 閉口, 令鼻孔出氣, 謹要. 至於睡臥時, 亦是如此, 練至手足相合, 起落進退如一, 謂之息調. 手足動作, 要不合於規矩, 上下不齊, 進退步法錯亂, 牽動呼吸之氣不均出氣甚粗, 以致胸間發悶, 皆是起落進退手足步法不合規矩之故也. 此謂之息不調, 因息不調, 拳法身體不能順也. 拳中之內勁, 是將人之散亂於外之神氣, 用拳中之規矩, 手足身體動作, 順中用逆, 縮回於丹田之內, 與丹田之元氣相交自無而有, 自微而著, 自虚而實，皆是漸漸積蓄而成，此謂拳之內勁也。丹書云，以凡人之呼吸，尋眞人之呼吸，莊子云眞人呼吸以踵，亦是此意也。拳術調呼吸從後天陰氣所積，若致小腹堅硬如石，此乃後天之氣勉強積蓄而有也。總要呼吸純任自然，用眞意之元神，引之於丹田，腹雖實而若虛，有而若無，老子云綿綿若存，又云虛其心，而靈性不昧，振道心，正氣常存，亦此意也，此理卽拳中內勁之意義也。

第七則

形意拳之用法有三層。有有形有相之用，有有名有相無跡之用，有有聲有名無形之用，有無形無相無聲無臭之用。拳經云，起如鋼銼(起者去也)，落如鉤竿(落者回也)；未起如摘子，未落如墜子；起如箭，落如風，追風趕月不放鬆；起如風，落如箭，打倒還嫌慢；足打七分手打三，五行四梢要合全，氣連心意隨時用，硬打硬進無遮攔；打人如走路，看人如蒿草，膽上如風響，起落似箭鑽；進步不勝，必有寒食之心，此是初步明勁，有形有相之用也。到暗勁之時，用法更妙，起似伏龍登天，落如霹雷擊地，起無形，落無蹤，起落好似捲地風；起不起，何用再起，落不落，何用再落，低之中望為高，高之中望為低，打起落如水之翻浪，不翻不躓，一寸為先，脚打七分手打三，五行四梢要合全，氣連心意隨時用，打破身式無遮攔，此是二步暗勁形跡有無之用也。拳無拳，意無意，無意之中，是眞意；拳打三節不見形，如見形影不為能。隨時而發，一言一黙一舉一動行止坐臥，以至飲食茶水之間，皆是用。或有人處，或無人處，無處不是用。所以無入而不自得，無往而不得其道，以致寂然不動，感而自通也，此皆是化勁神化之用也，然而所用之虛實奇正，亦不可專有意，用於奇正虛實。虛者，並非專用虛於彼。己手在彼手之上，用勁拉回，如落鉤竿，謂之實。己手在彼手之下，亦用勁拉回，彼之手挨不著我的手，謂之虛。並非專有意於虛實, 是在彼之形式感觸耳. 奇正之理亦然, 奇無不正, 正無不奇, 奇中有正, 正中有奇, 奇正之變, 如循環之無端, 所用不窮也. 拳經云:"拳去不空回, 空回總不奇"是此意也.

第八則

形意拳術, 明勁是小學功夫. 進退起落, 左轉右旋, 形式有間斷, 故謂之小學. 暗勁是大學之道, 上下相連, 手足相顧, 內外如一, 循環無端, 形式無有間斷, 故謂之大學. 此喻是發明其拳所以然之理也.《論語》云:"一以貫之"此拳亦是求一以貫之道也. 陰陽混成, 剛柔相合, 內外如一, 謂之化勁. 用神化去, 至于無聲無臭之德也. 孟子云:"大而化之之謂聖, 聖而不可知之之謂神." 丹書云:"神形俱杳, 乃與道合眞之境." 拳經云:"拳無拳, 意無意, 無意之中是眞意." 如此者, 不見而章, 不動而變, 無爲而成, 寂然不動, 感而遂通也. 老子云:"得其一而萬事畢." 人得其一謂之大, 拳中內外如一之勁用之于敵, 當剛則剛, 當柔則柔, 飛騰變化, 無入而不自得, 亦無可無不可也. 此之謂一以貫之, 一之爲用, 雖然純熟, 總是有一之形迹也. 尚未到至妙處, 因此要將一化去, 化到至虛無之境, 謂之至誠至虛至空也. 如此大而化之之謂聖, 聖而不可知之之謂神之道理, 得矣.

第九則

拳術之道, 要自己鍛煉身體, 以祛病延年, 無大難法. 若與人相較, 則非易事. 第一存心謹愼, 要知己知彼, 不可驕矜, 驕矜必敗. 若相識之人, 久在一處, 所練何拳, 藝之深淺, 彼此皆知, 或喜用腳, 或善用手, 皆知其大概, 誰勝誰負, 尚不易言. 若與不相識之人初次見面, 彼此不知所練何種拳術, 所用何法, 若一交手, 其藝淺者自立時相形見絀. 若皆是明手, 兩人相較, 則頗不易言勝. 所宜知者一覿面, 先察其人, 精神是否虛靈, 氣質是否雄厚, 身軀是否活潑, 再察其言論, 或謙或矜, 其所言與其人之神氣, 形體動作, 是否相符. 觀此三者, 彼之藝能知其大概矣. 及相較之時, 或彼先動或己先動, 務要辨地勢之遠近, 險隘廣狹死生. 若二人相離極近, 彼或發拳, 或發足, 皆能傷及吾身, 則當如拳經云: 眼要毒手要奸 (奸卽巧也), 腳踏中門往里鑽. 眼有監察之精, 手有撥轉之能, 足有行程之功, 兩肘不離肋, 兩手不離心, 出洞入洞緊隨身, 乘其無備而攻之, 由其不意而出之, 此是近地以速之意也. 兩人相離之地遠, 或三四步, 或五六步不等, 不可直上, 恐彼以逸待勞, 不等己發拳, 而彼先發之矣. 所以方動之時, 不要將神氣顯露于外, 似無意之情形, 緩緩走之彼相近處, 相機而用, 彼動機方露, 己卽速扑上去, 或掌或拳, 隨左打左, 隨右打右, 彼之剛柔, 己之進退, 起落變化, 總相機而行之, 此謂遠地以緩也. 己所立之地勢, 有利不利, 亦得因敵人而用之, 不可拘着. 程廷華先生亦云: "與彼相較之時, 看彼之剛柔, 或力大或奸巧, 彼剛吾柔, 彼柔吾剛, 彼高吾低, 彼低吾高, 彼長吾短, 彼短吾長, 彼開吾合, 彼合吾開, 或吾忽開忽合, 忽剛忽柔, 忽上忽下, 忽短忽長, 忽來忽去, 不可拘之成法, 須相敵之情形而行之. 雖不能取勝于敵, 亦不能驟然敗于敵也, 總以謹慎爲要."

第十則

拳經云: "上下相連, 內外合一." 俗云: "上下是手足也." 按拳中道理言之, 是上呼吸之氣與下呼吸之氣相接也, 此是上下相連, 心腎相交也. 內外合一者, 是心中神意下照于海底, 腹內靜極而動, 海底之氣微微自下而上, 與神意相交歸于丹田之中, 運貫于周身, 暢達于四肢, 融融和和. 如此方是上下相連, 手足自然相顧, 合內外而爲一者也.

第十一則

練拳術不可固執不通, 若專以求力, 卽彼力拘; 專以求氣, 卽被氣所拘; 若專以求沉重, 卽爲沉重所捆墮; 若專以求輕浮, 神氣則被輕浮所散. 所以然者, 練之形式順者, 自有力; 內里中和者, 自生氣; 神意歸于丹田者, 身自然重如泰山; 將神氣合一化成虛空者, 自然身輕如羽, 故此不可以專求. 雖然求之有所得焉, 亦是有若無, 實若虛, 勿忘勿助, 不勉而中, 不思而得, 從容中道而已.

第十二則

形意拳術之橫拳, 有先天之橫, 有後天之橫, 有一行之橫. 先天之橫者, 由靜而動爲無形之橫拳也, 橫者中也. 易云: "黃中通理, 正位居體", 卽此意也. 拳經云: "起無形, 起爲橫, 皆是也(此起字是內中之起, 自虛無而生有, 眞意發萌之時, 在拳中謂之橫, 亦謂之起)." 此橫有名無形, 爲諸形之母, 萬物皆含育于其中矣, 其橫則爲拳中之太極也. 後天之橫者, 是拳中外形手足, 以動卽名爲橫也, 此橫有名有式, 無有橫之相也. 因頭手足(肩肘胯膝名七拳)外形七拳, 以動卽名爲橫, 亦爲諸式之干也, 万法亦皆生于其內也.

第十三則

形意拳術, 頭層明勁, 謂之練精化氣, 爲丹道中之武火也. 第二層暗勁, 謂之練氣化神, 爲丹道中之文火也. 第三層化勁, 謂之練神還虛, 爲丹道中火候純也. 火候純而內外一氣成矣, 再練亦無勁, 亦無火, 謂之練虛合道, 以致行止坐臥, 一言一黙, 無往而不合其道也. 拳經云: "拳無拳, 意無意, 無意之中是眞意."至此無聲無臭之德至矣. 先人詩曰:"道本自然一氣游, 空空靜靜最難求. 得來万法皆無用, 身形應當似水流."

第十四則

拳意之道, 大概皆是河洛之理. 以之取象命名, 數理兼該, 順其人之動作之自然, 制成法則, 而人身體力行之. 古人云:"天有八風, 易有八卦, 人有八脉, 拳有八勢, 是以拳術有八卦之變化. 八卦者, 有圓之象焉. 天有九天, 星有九野, 地有九泉, 人有九竅九數, 拳有九宮, 故拳術有九宮之方位. 九宮者, 有方之義焉."古人以九府而作圓法, 以九室而作明堂, 以九區而作貢賦, 以九軍而作陣法, 以九竅九數(九數者, 卽九節也, 頭爲梢節, 心爲中節, 丹田爲根節; 手爲梢節, 肘爲中節, 肩爲根節; 足爲梢節, 膝爲中節, 胯爲根節. 三三共九節也)而作拳術. 無非用九, 其理亦妙矣. 河之圖, 洛之書, 皆出于天地自然之數, 禹之範, 大撓之歷, 皆聖人得于天地之心法. 余蒙老農先生所授之九宮圖, 其理亦出于此, 而運用之神妙, 變化莫測. 此圖之道, 夫婦之愚, 可以與知與能, 及其至也, 雖聖人亦有所不知不能矣. 其圖之形式, 是飛九宮之道, 一至九, 九還一之理. 用竿九根布之, 四正四根, 四隅四根, 當中一根. 竿不拘粗細, 起初練之, 地方要寬大, 竿相離要遠, 大約或一丈之方形, 或一丈有餘, 或兩丈, 不拘尺寸. 練之已熟, 漸漸而縮小, 縮至兩竿相離之遠近僅能容身穿行往來, 形如流水, 旋轉自如, 而不碍所立之竿. 繞轉之形式, 用十二形, 或如鷂子入林翻身之巧, 或如蛇撥草入穴之妙, 或如猿猴蹤跳之靈活, 各形之巧妙, 無所不有也. 此圖之效力, 不會拳術者按法走之可以消食, 血脉流通; 若練拳術而步法不活動者, 走之可以能活動; 練拳術身體發拘者, 走之身體可以能靈通; 練拳術心中固執者, 走之可以能靈妙. 無論男女老少, 皆可行之, 可以祛病延年, 强健身體等等妙術不可言宣. 拳經云:"打拳如走路, 看人如蒿草. 武藝都道無正經, 任意變化是無窮. 豈知吾得嬰兒玩, 打法天下是眞形." 三回九轉是一式之理, 亦皆在其中矣. 此圖明數學者, 能曉此圖之理. 練八卦拳者, 能通此圖之道也, 此圖亦可作爲遊戲運動, 走練之時, 舌頂上齶. 不會練拳術者, 行走之時兩手屈伸, 可以隨便. 會拳術者, 按自己所會之法則, 運用可也. 無論如何運動, 左旋右轉, 兩手身體不能動着所立之竿爲要. 此圖不只運動身體已也, 而劍術之法, 亦含藏于其中矣. 此九根竿之高矮, 總要比人略高, 可以九個泥墊或木墊, 將竿插在內, 可以移動. 練用時可分布九宮, 不練時可收在一處. 若地基方便, 不動亦可. 若實在無有竿之時, 磚石分布九宮亦可, 若無磚石畫九個小圈走之亦無不可. 總而言之, 總是有竿練之爲最妙, 此法走練起初按一二三四五六七八九之路, 返之九八七六五四三二一. 此圖外四正四隅八根竿, 比喻八卦, 當中一根又比喻共九個門. 要練純熟, 無論何門, 亦可以起點, 要之歸原, 不能離開中門, 卽中五宮也. 走之按一至二, 二至三至九, 返之九至八八至七, 又還于一之數. 此圖一圈一根竿也, 一至九, 九返一, 卽所行之路也, 名爲飛九宮也, 亦名陰八卦也. 河圖之理藏之于內, 洛書之道形之于外也. 所以拳術之道, 體用俱備, 數理兼該, 性命雙修, 乾坤相交, 合內外而爲一者也. 走練此圖之意, 九竿如同九人, 如一人之敵九, 左右旋轉, 屈伸往來, 飛躍變化, 閃展騰挪. 其中之法則, 按着規矩, 其中之妙用, 亦得要自己悟會耳. 其圖之道, 亦和于乾坤二卦之理, 六十四卦之式, 皆含在其中矣. 在人賢者識其大者, 不賢者識其小者, 得之莫不有拳術奧妙之道焉.

제2절 백서원(白西園) 선생의 말을 설명하다

　백서원(白西園)선생이 말하기를, 형의권을 수련하는 도리는 실로 질병을 없애고 수명을 연장하는 것이며, 도(道)를 닦는 학문이다. 나는 어린시절부터 의사 노릇을 하여 지금 나이가 칠순에 가까우나, 신체동작이 날렵하고 민첩하여서, 아직도 한창 나이의 건장한 때와 같으나, 결코 인삼녹용 등의 보양식품을 먹은 적이 없다. 이것은 권술의 도리이며, 기력(氣力)을 단련하고 몸을 닦는 이치로서, 실제로 있는 확실한 증거이니, 참으로 선단(仙丹)을 먹은 듯한 효험이 있다. 그러나 권술을 수련하기는 쉬워도 도리를 터득하기는 어렵고, 도리를 터득하기는 쉬워도 도리를 키워 이루기는 특히 어렵다. 그러므로 권술수련의 첫째 요점은 그 진수(眞髓)를 전수받아 얻는 것이며, 권술에 내재되어 수련되는 규칙을 확실하게 알아 터득해야 하고, 순서에 따라서 이것을 수련한다. 둘째 요점은 진정으로 소중하게 여기는 것이고, 셋째 요점은 꾸준한 마음을 가져서 자신이 평생토록 수양하는 공부로 삼는 것이다. 이 세 가지 이외에, 비록 수련을 중시할지라도, 옛사람이 말한 바: "마음에 없으면, 보고도 알아보지 못하고, 들어도 알아듣지 못하며, 먹어도 그 맛을 모르니, 평생토록 터득하는 바가 없을 뿐이다." 바로 지극한 정성과 꾸준한 마음으로 수련하는 도리이니, 비록 터득하는 바가 조금 있어도 스스로 뽐내어서는 안 되고, 수련하는 형식과 도리 또한 항상 스승이나 혹은 여러 어르신께 보여서 보살핌을 구한다. 옛사람이 말하기를: "사람은 성현(聖賢)이 아닌데, 누군들 잘못이 없겠는가." 만약 교만하면, 평소에 터득한 도리 또한 항상 잃어버리고, 도리를 잃어버리면 권술은 곧 많은 병(病 : 결점 병폐)이 생겨나온다{권술의 병(病)은 사람이 약을 먹어야 하는 병(病)이 아니다}. 만약 분명히 드러나는 병(病)이라면, 비교적 쉽게 고쳐 바로잡을 수 있는데, 스승의 공부가 크거나 작거나 도리가 깊거나 얕아도 잘못을 고칠 수 있지만, 만약 숨겨져 드러나지 않고 뒤섞여 복합적인 병(病)이라면, 스승의 도리가 아주 깊거나 경험이 대단히 많지 않으면, 이 병(病)을 고칠 수 없다. 뒤섞여 복합적인 병(病)이란, 머리 부위의 병(病)은 머리에 있지 않고, 발 부위의 병(病)은 발에 있지 않고, 몸 내부의 병(病)은 몸 안에 있지 않고, 몸 외부의 병(病)은 몸 밖에 있지 않으니, 이것이 뒤섞여 복합적인 병(病)이다. 숨겨져 드러나지 않는 병(病)은 보일락 말락 하고, 있는 것도 같고 없는 것도 같아서, 이 병(病)은 평소 수련하는 사람에게도 병(病)이 생겨난 줄을 알아낼 수 없고, 자신이 느끼기에도 결점이 없어서, 자신이 수련하는 도리 또한 매우 숙련되었다고 마음속으로 생각하지만, 자신의 병(病)이 더욱 깊이 들었음을 어찌 모르는가? 그 이치를 명백히 꿰뚫고 그 도리를 깊이 통달한 사람이 아니면, 이러한 병(病)을 고쳐 바로잡을 수 없다. 만일 그렇지 않으면, 설사 밤낮으로 수련할지라도, 평생토록 올바른 길로 들어갈 수 없으니, 이 병(病)을 통속적인 자연경(自然勁)이라 부르는데, 글씨쓰기를 열심히 배웠으나 속된 기풍에 빠져들어서 결국 진보할 수 없게 되는 도리와 똑같다. 그러므로 권술을 수련하는 사람이 온몸에 아주 좋은 기술을 수련하고, 다른 사람과 비교하여도 지극히 용감하면, 오히려 쉽게 수련하는데, 열 사람 중에 칠 팔 명이 수련해낼 수 있다. 만약 다른 사람을 가르칠 수 있는 사람이며, 게다가 자신의 공부가 아주 숙련되고, 신체동작이 지극히 순조로우며, 도리를 해석함도 지극히 분명하고 상세하여서, 다른 사람을 쉽게 이해시키고, 후학(後學)들의 모범이 될 수 있다면, 이와 같은 사람은 열 사람 중에 한 두 사람도 얻기 어렵다. 권술을 수련하는 도리는, 신기(神氣)가 관통하고, 형질(形質)이 조화되어 순조롭고, 강유(剛柔)와 곡절(曲折)이고, 법도(法度)와 장단(長短)이니, 증문정공(曾文正公: 曾國藩)이 말한 서법(書法: 서예)처럼 건곤(乾坤) 두 괘(卦)의 이치를 말하는 것과 똑같다.

白西園先生云, 練形意拳之道, 實是袪病延年, 修道之學也. 余自幼年行醫, 今年近七旬矣, 身體動作輕靈, 仍似當年強壯之時也, 並無服過蔘茸保養之物. 此拳之道, 養氣修身之理, 實有確據, 真有如服仙丹之效驗也. 惟練拳易, 得道難, 得道易, 養道尤難. 所以練拳術第一要得真傳, 將拳內所練之規矩, 要知得的確, 按次序而練之, 第二要真愛惜, 第三要有恒心, 作爲自己終身修養之功課也. 除此三者之外, 雖然講練, 古人云: "心不在焉, 視而不見, 聽而不聞, 食而不知其味, 就是終身不能有得也." 就是至誠有恒心所練之道理, 雖少有得焉, 亦不能自驕, 所練之形式道理, 亦要時常求老師, 或諸位老先生們看視. 古人云: "人非聖賢, 孰能無過." 若以驕, 素日所得之道理, 亦時常失去, 道理以失, 拳術就生出無數之病來(即拳術之病非人所得吃藥之病也). 若是明顯之病, 還容易更改, 老師功夫大小道理深淺可以更正也, 若是暗藏錯綜之病, 非得老師道理極深, 經驗頗富, 不能治此病也. 錯綜之病, 頭上之病不在頭, 脚上之病不在脚, 身內之病不在內, 身外之病不在外, 此是錯綜之病也. 暗藏之病, 若隱若現, 若有若無, 此病于平常所練之人, 亦看不出有病來, 自己覺着亦無毛病, 心想自己所練的道理亦到純熟矣, 豈不知自己之病入之更深矣, 非得洞明其理, 深達其道者, 不能更改此樣病也. 若不然, 就是晝夜習練, 終身不能入于正道矣. 此病謂之俗自然勁也, 與寫字用功入了俗派始終不能長進之道理相同也. 所以練拳術者, 練一身極好之技術, 與人相較亦極其勇敢, 倒容易練, 十人之中可以練成七八個矣. 若能教育人者, 再自己功夫極純, 身體動作極其和順, 析理亦極其明詳, 令人容易領會, 可以做後學之表率, 如此人者, 十人之中難得一二人矣. 練拳術之道理, 神氣貫通, 形質和順, 剛柔曲折, 法度長短, 與曾文正公談書法, 言乾坤二卦之理相同也.

제3절 유기란(劉奇蘭) 선생의 말을 설명하다

제1칙

유기란(劉奇蘭)선생이 말하기를, 형의권술의 도리는 체용(體用)을 분리해서는 안 되는데, 자신이 수련하는 것이 체(體)이고, 상대방에게 그것을 실행하는 것이 용(用)이다. 자신이 수련할 때 눈은 흩어져 무질서해서는 안 되고, 가장 중요한 한 지점을 주시하거나 혹은 자신의 손을 바라보아서, 신기(神氣)를 안정시키고, 내외(內外)가 하나로 합치되며, 눈을 이동해서는 안 된다. 상대방에게 사용하려면, 상대방 윗부분의 양 눈을 바라보거나, 혹은 상대방 중심부위를 바라보거나, 혹은 상대방 아랫부분의 양 발을 바라보는데, 꼼짝 않고 고정되어 형식적으로 되지 말고, 특정한 용도가 법칙이 되어서는 안 되며, 장(掌)이거나 주먹이거나 바라보아 따르며 사용하고, 오르락내리락하며 나아가고 물러나는 변화가 끊임없으니, 이것은 지혜를 운용하여 적에게 승리하는 것이다. 만약 이미 고정된 방법을 사용하여서 설령 상대방을 이길 수 있을지라도 이것은 일시적인 요행일 뿐이다. 응당 알아야 할 것은, 반드시 자신의 신기(神氣)를 견고하게 지키며, 산란되지 않게 하는 것인데, 이것을 천하무적이라 말한다.

제2칙

형의권경에 말하기를: "몸을 양생하며 마음을 고요히 하는 것은 도(道)를 닦는 것이고, 몸을 튼튼히 하며 마음을 움직이는 것은 강한 상대방에 대적하는 것이다." 강한 상대방에 대적하는 용법은, "일으켜 올

림은 강철줄칼 같고, 내려감은 구간(鉤竿 : 장대 끝에 낫이 달린 옛날무기)과 같다" "일으켜 올림은 엎드린 용이 승천하는 듯 하고, 내려감은 벼락이 땅을 치는 듯 하다. 올라감은 형상(形象)이 없고, 내려감은 종적(蹤迹)이 없으니, 오르내림은 마치 땅을 휩쓰는 바람과 같다" "몸을 단속하며 올라가고, 몸을 늘이며 내려간다" "올라감은 화살과 같고, 내려감은 바람과 같으니, 바람을 뒤쫓고 달을 따라잡으며 늦추지 않는다. 올라감은 바람과 같고, 내려감은 화살과 같으니, 때려눕혀도 아직 느리다고 불만스러워한다" "길을 걷는 것처럼 상대방을 때리고, 잡초처럼 상대방을 여기며, 바람소리가 우렁찬 것처럼 담력을 북돋우고, 화살이 뚫어드는 것처럼 오르내린다" "적을 대하여 승리를 거두려면, 4초(四梢) 모두를 완전하게 갖추어야 하며, 이것은 내외(內外)가 진실하게 일치하는 것이다" "나아가 승리하지 못함은, 틀림없이 겁먹은 마음이 있기 때문이다". 이것은 몸을 튼튼히 하며 마음을 움직이는 것이고, 강한 상대방에 대적하여 사용되는 방법이다.

제3칙

지극한 무예(武藝)의 수련에 운용하는 것은, 마음속이 텅 비고, 애쓰지 않아도 들어맞고, 생각하지 않아도 얻으며, 침착하게 도리를 따르면, 이때 생겨난다. 권(拳)은 권(拳)이 없고, 의(意)는 의(意)가 없으며, 의(意)가 없는 상태가 바로 참된 의(意)이다. 심(心)은 그 심(心)이 없어야 심(心)이 텅 비고, 신(身)은 그 신(身)이 없어야 신(身)이 텅 빈다. 옛사람이 말하기를: "소위 공(空)이면서 공(空)이 아니고, 공(空)이 아니면서 공(空)이면, 이것을 진정한 공(空)이라 부르며, 비록 공(空)이지만 정말로 지극히 진실하다." 별안간 적이 나타나 공격해오면, 마음속에 결코 의(意)가 생겨나 그를 타격하는 것이 아니라{의(意)가 없는 것은 곧 화(火)가 없는 것이다}, 상대방의 의(意)에 따르면서 대응한다. 권경(拳經)에 말하기를: "정(靜)은 본체(本體)이고, 동(動)은 작용(作用)이다." 설령 고요하여 꼼짝하지 않을지라도, 느껴지는 대로 통하여 아니, 아무래도 괜찮다. 이것은 몸을 양생하고 마음을 고요히 하는 사람이 운용하는 방법이다. 대저 권술을 수련하여 권(拳)이 없고 의(意)가 없는 경지에 이르면, 마침내 태허(太虛)와 같은 본체를 이루니, 그러므로 이를 운용함은 오묘하여서 헤아릴 수 없는데, 그러나 이 경지에 이를 수 있는 사람은 드물다.

第一則

劉奇蘭先生云, 形意拳術之道, 體用莫分, 自己練者爲體, 行之于彼爲用. 自己練時眼不可散亂, 或視一極點處, 或看自己之手, 將神氣定住, 內外合一, 不可移動. 要用之于彼, 或者彼上之兩眼, 或看彼之中心, 或看彼下之兩足, 不要站定成式, 不可專用成法, 或掌或拳, 望着就使, 起落進退變化不窮, 是用智而取勝于敵也. 若用成法, 即能勝于人, 亦是一時之僥倖耳. 所應曉者, 須固住自己神氣不使散亂, 此謂無敵于天下也.

第二則

形意拳經云: "養靈根而靜心者, 修道也, 固靈根而動心者, 敵將也." 敵將之用者, "起如鋼銼, 落如鉤竿" "起似伏龍登天, 落如霹雷擊地. 起無形, 落無踪, 起落好似卷地風" "束身而起, 長身而落" "起如箭, 落如風, 追風趕月不放鬆. 起如風, 落如箭, 打倒還嫌慢" "打人如走路, 看人如蒿草, 膽上如風響, 起落似箭鑽" "遇敵要取勝, 四梢具要齊, 是內外誠實如一也" "進步不勝, 必有膽寒之心也". 此是固靈根而動心者, 敵將所用之法也.

第三則

　　道藝之用者, 心中空空洞洞, 不勉而中, 不思而得, 從容中道, 而時出之. 拳無拳, 意無意, 無意之中是眞意. 心無其心心空也, 身無其身身空也. 古人云:"所謂空而不空, 不空而空, 是謂眞空, 雖空乃至實至誠也." 忽然有敵人來擊, 心中並非有意打他(無意卽無火也), 隨彼意而應之. 拳經云:"靜爲本體, 動爲作用."卽是寂然不動, 感而遂通, 無可無不可也. 此是養靈根而靜心者所用之法也. 夫練拳至無拳無意之境, 乃能與太虛同體, 故用之奧妙而不可測, 然能至是者鮮矣.

제4절 송세영(宋世榮) 선생의 말을 설명하다

제1칙

송세영(宋世榮 : 1849~1927)선생이 말하기를, 형의권의 도리는, 권술이 이미 만들어낸 착법(着法 : 수법 초식)을 먼저 즐겨 수련하면서 추구하면, 마음속에 깨닫는 바가 있다. 혹은 나의 가슴속에 수많은 수법이 생겨나도 괜찮고, 혹은 나의 가슴속이 흐리멍덩하여서 수법이 하나도 없어도 괜찮다. 수법이 하나도 없다는 것은, 한 기(氣)로 합치하는 것인데, 대응하여 사용할 때가 되면, 아무래도 괜찮다. 수많은 수법이 생겨난다는 것은, 한 기(氣)가 널리 행해지는 것이다. 적에 대응할 때, 당연히 굳세어야 할 것은 굳세고, 당연히 부드러워야 할 것은 부드러우며, 올라가거나 내려가고 나아가거나 물러나며 변화하니, 모두 적에 의거하여 사용할 수 있다. 예를 들어 수많은 수법이란 것은, 하나의 형(形)이며 하나의 착법(着法)인데, 하나의 착법(着法) 중에 또한 모두가 끊임없이 이어져 생겨나는 것이다. 사형(蛇形)수련을 예로 들면, 사(蛇 : 뱀)는 풀숲을 밀어 헤치는 정력(精力)이 있는데, 뱀이 둘둘 휘감고 굽히거나 펴며 굳세거나 부드러우며 재빠르고 교묘한 등의 방식에 관해 말하자면, 모두 이것의 성능(性能)이다. 병법(兵法)에 말하기를 : "상산(常山 : 會稽에 있는 산으로, 손자병법에서 나옴) 의 사진식(蛇陣式)은, 머리를 공격하면 꼬리가 반응하고, 꼬리를 공격하면 머리가 반응하고, 중간을 공격하면 머리와 꼬리 모두 반응한다." 그러므로 한 형(形)을 수련하는 중에, 이것의 성능(性能)으로써 사물의 이치를 따져 밝혀서 극치에 이르면, 적에게 이것을 사용하여서, 순환하여 끝이 없고 변화가 무궁할 수 있으니, 그러므로 때맞추어 적절하게 처리할 수 있다. 한 형(形)의 능력이 이와 같고, 12형(形)의 능력 모두 이와 같다. 내부의 도리는, 물(物:물체 혹은 對象)이 뻗어 펴는 것은, 나의 권술의 장경(長勁)이다. 물(物)이 굽히는 것은, 나의 권술의 단경(短勁)이며, 또한 나의 권술의 화경(划勁)이다. 물(物)이 구불구불 굽이도는 것은, 나의 권술의 유경(柔勁)이다. 물(物)이 앞으로 곧장 세차고 빠르게 가는 것은, 나의 권술의 강경(剛勁)이다. 비록 한 물(物)의 성질이나, 굳세거나 부드러우며 구부리거나 곧게 펼 수 있어, 자유자재로 변화하고, 융통성 있게 원활하며 교묘하니, 사람이 도달할 수 없는 바가 있다. 그러므로 형의권술을 수련하는 것은, 12형의 성능(性能)을 그 이치를 궁리하여 밝혀서 마음에 터득하는 것이니, 이것은 물(物)의 성질을 극치에 다다르게 할 수 있는 것이며, 또한 자신의 성질을 극치에 도달하는 것이다. 그러므로 형의권을 수련하는 것은, 천지(天地)를 본받아서 만물을 생성하여 발육시키는 도(道)이다. 이러한 이치를 안으로 품으면 덕(德)이 되고, 밖으로 사용하면 도(道)가 된다. 또한 내경(內勁)이란 것은, 안으로는 천지자연의 덕(德)이 되는 것이고, 밖으로 드러나는 방법이란 것은, 밖으로는 왕도(王道)가 되는 것이니, 그러므로 이 권술의 사용은, 아무래도 좋다.

제2칙

형의권술은 도예(道藝)와 무예(武藝)의 구분이 있고, 삼체식(三體式)은 단중(單重)과 쌍중(雙重)의 차별이 있다. 무예(武藝)를 수련하는 사람은, 쌍중(雙重)의 자세이며, 중심(重心)이 양 다리의 사이에 있고, 온몸이 힘을 들이며, 청탁(淸濁:맑음과 흐림 혹은 사물의 優劣과 高下)을 구분하지 않고, 선천(先天)과 후천(後天)을 구별하지 않는다. 후천적인 의(意:意念)를 운용하여서, 호흡하는 기(氣)를 이끌어 단전(丹田)의 내부에 축적하면, 그 견고함이 철석(鐵石) 같고, 온몸이 침중(沈重)하며, 일어서면 마치 태산과 같고, 만약 다른 사람과 서로 겨루면, 발로 차고 손으로 쳐도 두려워하지 않는다. 권경(拳經)에 말하기를: "발로 타격함이 7할이고 손으로 타격함이 3할이며, 5행(行)과 4초(梢)는 합치하여 완비한다. 기(氣)는 심의(心意 : 意는 心이 발동한 것)와 연결하여 언제나 즉시 운용하고, 굳세게 타격하고 굳세게 나아가니 가로막는 것이 없다." 이 말은 그것을 탁(濁)하다고 일컫는 근원인데, 그래서 강한 상대방에 대적하는 무예이며, 만약 수련하여 최고의 경지에 도달하면, 역시 천하무적이 될 수 있다. 도예(道藝)를 수련하는 사람은, 삼체식(三體式) 단중(單重)의 자세이며, 앞이 허(虛)이고 뒤가 실(實)이 되어서, 중심(重心)이 뒤쪽 발에 있고, 앞쪽 발은 허(虛)도 될 수 있고 실(實)도 될 수 있으며, 마음속은 힘을 들일 필요가 없고, 먼저 그 마음을 비워야 하며, 의사(意思)와 단도(丹道)가 서로 합치한다. 단서(丹書)에 말하기를: "정좌(靜坐)는 맨 먼저 허(虛)로 돌아가야 한다. 허(虛)로 돌아가지 않으면 본성(本性 : 천성 진상 원형)을 알 수 없고, 본성(本性)을 모르면, 힘써 노력하는 모두가 탁(濁)의 근원이며, 결코 선천적인 진정한 성(性)이 아니다." 권술의 이치도 역시 그러하여서, 그러므로 역시 맨 먼저 허(虛)로 돌아가야 하며, 후천적인 심의(心意)를 사용하지 않으나, 또한 결코 전혀 사용하지 않는 것은 아닌데, 만약 전혀 사용하지 않으면 우둔한 공(空)이 되어버린다. 그러므로 경(勁)을 사용하는 것은, 후천적인 졸력(拙力 : 서투른 힘)을 사용하는 것이 아니고, 모두가 다 규칙에 들어맞게 힘을 사용하여서, 허(虛)로 돌아가는 것이다. 단서(丹書)에 말하기를: "중(中 : 치우침 없이 적당함)이란 것은, 허공(虛空)의 성체(性體 : 타고난 성품의 본체)이다. 치우침 없는 중도(中道)를 지키는 것은, 허(虛)로 돌아가는 공용(功用 : 효용 기능)이다." 이런 까닭으로, 형의권술의 기본적인 출발점은 무극(無極) 태극(太極) 삼체(三體)의 방식이 있고, 그 이치는 맨 먼저 허(虛)로 돌아가는 공용(功用)이다. 단서(丹書)에 말하기를: "도(道)는 허무(虛無)에서 한 기(氣)를 낳고, 곧 한 기(氣)로부터 음양(陰陽)을 낳는다. 음양(陰陽)이 다시 합하여 삼체(三體)가 되고, 삼체(三體)는 다시 만물을 낳아 퍼뜨린다."라는 말이 이 뜻이다. 삼체(三體)라는 것은, 신체의 외면으로는 머리 손 발이고, 내면으로는 상(上) 중(中) 하(下)의 3전(田 : 丹田)이며, 권술 중에는 형의(形意) 8괘(八卦) 태극(太極) 세 파(派)의 한 체(體)이다. 비록 삼체(三體)라는 이름으로 나누지만, 전체로 통합하여 한 음양(陰陽)이고, 음양(陰陽)은 결국 한 태극(太極)으로 돌아가니, 즉 한 기(氣)이며, 또한 바로 형의권 중의 기본적인 출발점이자 형(形)이 없는 횡권(橫拳)이다. 이 횡권(橫拳)이란 것은, 사람 본래의 진심(眞心)인데, 텅 텅 비어서 털끝만한 졸력(拙力)도 들이지 않아서, 허무(虛無)에 이르면 즉 태극(太極)이니, 소위 이름 없는 천지의 시작이다. 그러나 이러한 허무(虛無)와 태극(太極)은 죽은 것이 아니라, 바로 살아있는 것이며, 그 중에 한 점(點) 생기(生機 : 生氣 活氣)가 있어 간직한다. 이 생기(生機)는 이름을 선천적으로 진실하며 유일한 기(氣)라고 부르며, 사람의 성명(性命 : 생명 마음과 몸)의 근본이고, 운명의 근원이며, 생사의 근본이다. 이 허무(虛無) 중에 이 한 기(氣)를 품으니, 있지도 않고 없지도 않으며, 있는 것도 아니고 없는 것도 아니며, 색(色 : 존재)도 아니고 공(空)도 아니지만, 매우 활발하여 생기있는 것이고, 또한 진공(眞空)이라 부른다. 진공(眞空)이란 것은, 공(空)이면서 공(空)이 아니고, 공(空)이 아니면서 공(空)인데, 소위 이름 있는 만물의 어머니이다. 허무(虛無) 중에는, 이미 한 점(點) 생기(生機)가 안에 있으며, 이것은 태극(太極)이 한 기(氣)를 품은 것이고, 한 기(氣)는 허무(虛無)로부터 그 성질의 징조를 나타낸다. 이처럼 태극(太極)이 한 기(氣)를 품는 것은, 바로 단서(丹書)에서 말하는 고요한 상태가 오래 지속되면 움직이게 되는 것이며, 바로 지극히 공허하고 오로지 고요함을 지킬 때, 해저(海底 : 會陰) 중에 한 점(點) 생기(生機)가 있어 움직이기 시작하는 것이다. 소자(邵子 : 邵雍)가 말하기를:

"양(陽) 홀로 처음 움직이기 시작하고, 만물이 아직 생겨나지 않은 때이다." 권술 중에서는, 지극히 공허할 때 횡권(橫拳)은 원만하여서 부족함이 없고, 내부에 한 점(點) 영기(靈機 : 靈感)가 생겨난다. 단서(丹書)에 말하기를: "한 기(氣)가 이미 성질의 징조를 나타내면, 동정(動靜)이 없을 리가 없다." 동(動)은 양(陽)이고, 정(靜)은 음(陰)이며, 이 동정(動靜)이 이미 한 기(氣)에서 생겨나면, 양의(兩儀 : 하늘과 땅 혹은 음양)는 이 한 기(氣)에 의거하여 근원으로 삼는다. 움직이는 상태가 오래 지속되면 고요해지고, 고요한 상태가 오래 지속되면 움직이게 되는 것이며, 벽권(劈拳) 붕권(崩拳) 찬권(鑽拳) 포권(炮拳)은, 일으켜 올리며 파고들고 내려가며 뒤집으니, 정기신(精氣神)은 바로 여기에 담겨져 있다. 그러므로 이 삼체식(三體式) 내의 한 점(點) 생기(生機)가 움직이기 시작하여서, 끝이 없이 발전할 수 있으니, 그러므로 이것을 도예(道藝)라고 부른다.

제3칙

조용히 앉아서 하는 수련은 호흡을 가다듬고, 권술수련은 손발의 동작으로써 호흡을 가다듬는데, 올라가고 내려가며 나아가고 물러나는 동작 모두가 규칙에 맞으면, 손발의 동작 역시 모두 조화되어 순조롭고, 내외신형(內外神形 : 정신과 몸)이 서로 합치하면, 이것을 "호흡을 가다듬는다(調息)"라고 말한다. 신체동작이 빙 빙 돌며, 자유자재로 가고 오며, 멈추거나 막힘없이 한 기세로 운행하며, 돌고 돌아 끝이 없으니, 이것을 "호흡을 머무른다(停息)"라고 말하며, 또한 완전히 변화시켜 신비롭다고 말한다. 비록 하나는 동(動) 중에 정(靜)을 추구하고, 하나는 정(靜)중에 동(動)을 추구하여서, 이 둘이 마치 다른 것 같으나, 사실상 내부의 도리는 바로 하나이다.

第一則

宋世榮先生云, 形意拳之道, 是先將拳術已成之着法玩而求之, 而有得之于心焉. 或吾胸中有千萬法可也, 或吾胸中渾渾淪淪, 無一着法亦可也. 無一法者, 是一氣之合也, 以至于應用之時, 無可無不可也. 有千萬法者, 是一氣之流行也. 應敵之時, 當剛則剛, 當柔則柔, 起落進退變化, 皆可因敵而用之也. 譬如千萬法者, 是一形一着法也, 一着法之中, 亦皆能生生不已也. 譬如練蛇形, 蛇有撥草之精, 至于蛇之盤旋屈伸剛柔靈妙等式, 皆伊之性能也. 兵法云:"常山蛇陣式, 擊首則尾應, 擊尾則首應, 擊其中, 則首尾皆應." 所以練一形之中, 將伊之性能, 格物到至善處, 用之于敵, 可以循環無端, 變化無窮, 故能時措之宜也. 一形之能力如此, 十二形之能力皆如是也. 內中之道理, 物之伸者, 是吾拳之長勁也. 物之曲者, 是吾拳之短勁也, 亦吾拳之划勁也. 物之曲曲彎轉者, 是吾拳之柔勁也. 物之往前, 直去猛快者, 是吾拳之剛勁也. 雖然一物之性, 能剛柔曲直, 縱橫變化, 靈活巧妙, 人有所不能及也. 所以練形意拳術者, 是格物十二形之性能, 而得之于心, 是能盡物之性也, 亦是盡己之性也. 因此, 練形意拳者, 是效法天地, 化育萬物之道也. 此理存之于內而爲德, 用之于外而爲道也. 又內勁者, 內爲天德, 外法者, 外爲王道, 所以此拳之用, 能以無可無不可也.

第二則

形意拳術有道藝武藝之分. 有三體式單重雙重之別. 練武藝者, 是雙重之姿勢, 重心在于兩腿之間, 全身用力, 清濁不分, 先後天不辨. 用後天之意, 引呼吸之氣積蓄于丹田之內, 其堅如鐵石, 周身沈重, 站立如同泰山一般, 若與他人相較, 不怕足踢手擊. 拳經云:"足打七分手打三, 五行四梢要合全．氣連心意隨時用，硬打硬進無遮攔．"此謂之濁源，所以爲敵將之武藝也，若練到至善處，亦可以無敵于天下也．練道藝者，是三體式單重之姿勢，前虛後實，重心在于後足，前足亦可虛，亦可實，心中不用力，先要虛其心，意思與丹道相合．丹書云："靜坐要最初還虛．不還虛，不能見本性，不見本性，用功皆是濁源，並非先天之眞性也．"拳術之理亦然，所以亦要最初還虛，不用後天之心意，亦並非全然不用，要全不用成爲頑空矣．所以用勁者，非用後天之拙力，皆是規矩中之用力耳，還虛者．丹書云："中者，虛空之性體也．執中者，還虛之功用也．"是故，形意拳術起點有無極太極三體之式，其理是最初還虛之功用也．丹書云："道自虛無生一氣，便從一氣產陰陽．陰陽再合成三體，三體重生萬物張．"是此意也．三體者，在身體外爲頭手足也，內爲上中下三田也，在拳中，形意八卦太極三派之一體也．雖分三體之名，統體一陰陽也，陰陽歸總一太極也，卽一氣也，亦卽形意拳中起點無形之橫拳也．此橫拳者，是人本來之眞心，空空洞洞，不卦着一毫之拙力，至虛至無卽太極也，所謂無名天地之始．但此虛無太極不是死的，乃是活的，其中有一點生機藏焉．此機名曰先天眞一之氣，爲人性命之根，造化之源，生死之本也．此虛無中含此一氣，不有不無，非有非無，非色非空，活活潑潑的，又曰眞空．眞空者，空而不空，不空而空，所謂有名萬物之母．虛無中，旣有一點生機在內，是太極含一氣，一自虛無兆質矣．此太極含一氣，是丹書所說的靜極而動，是虛極靜篤時，海底中有一點生機發動也．邵子云："一陽初發動，萬物未生時也．"在拳術中，虛極時，橫拳圓滿無虧，內中有一點靈機生焉．丹書云："一氣旣兆質，不能無動靜．"動爲陽，靜爲陰，是動靜旣生于一氣，兩儀因此一氣開根也．動極而靜，靜極而動，劈崩鑽炮，起鑽落翻，精氣神，卽于此而寓之矣．故此三體式內之一點生機發動，而能至于無窮，所以謂之道藝也．

第三則

　靜坐功夫以呼吸調息, 練拳術以手足動作爲調息, 起落進退, 皆合規矩, 手足動作亦俱和順, 內外神形相合, 謂之調息. 以身體動作旋轉, 縱橫往來, 無有停滯, 一氣流行, 循環無端, 謂之停息, 亦謂之脫胎神化也. 雖然一是動中求靜, 一是靜中求動, 二者似乎不同, 其實內中之道理則一也.

제5절 차의재(車毅齋) 선생의 말을 설명하다

　차의재(車毅齋 : 1833~1914 혹은 1830~1915)선생이 말하기를, 형의권의 도리는 중용(中庸)의 도리에 합치한다. 그 도리는 적당하고 올바르며, 넓고 크며 지극히 쉽고 간단하며, 치우침 없이 공정하고, 화합하면서도 본분을 지키며, 모든 것을 두루 갖추고, 모두 다 체득하여 안다. 이 도리를 펴면 세상에 가득 차고, 걷어 들이면 감추어져 비밀이 되며, 그 재미가 무궁하니, 모두 실속 있는 배움이다. 다만 처음 배우려면, 먼저 어느 한 파(派)를 배워야 하는데, 한 파(派) 중에서도, 또한 어느 한 형(形)에 전념하여 배워야 한다. 배운 내용을 늘 되풀이하여 복습하여서, 익숙해지도록 연습한 후에 다시 다른 형(形)을 배운다. 여러 가지 형(形)이 숙련되면, 다시 연이어서 하나로 종합하여 연습한다. 연습하여 아주 익숙해지고, 각 형(形)의 방식을 전부 체득하면, 한 형(形)은 한 수(手)의 방식과 같고, 한 수(手)는 한 의(意)의 동작과 같고, 한 의(意)는 마치 허공(虛空)에서부터 생겨나오는 것과 같다. 그러므로 권학(拳學)을 수련하는 사람은, 허무(虛無)로부터 시작하고, 허무(虛無)로부터 돌아온다. 이때에 도달하면 형의권(形意拳)이거나 팔괘장(八卦掌)이거나 태극권(太極拳)이거나 여러 형(形)이 모두 없어지고, 모든 사물이 공(空)하며 분별없이 흐리멍덩하고, 완전히 한 기세(氣勢)를 이루니, 어찌 태극(太極)이 있고, 어찌 형의(形意)가 있고, 어찌 팔괘(八卦)가 있겠는가. 그러므로 권술수련은 형식에 있지 않고, 오직 신기(神氣)가 모자람 없이 원만함에 있을 뿐이며, 신기(神氣)가 원만하면, 형식이 비록 모가 날지라도, 역시 굼뜨지 않고 활발하게 동작할 수 있다. 신기(神氣)가 부족하면, 설사 형식이 비록 원만하더라도, 동작은 재빠를 수가 없다. 권경(拳經)에 말하기를: "덕(德)을 숭상하고 힘을 숭상하지 않으며, 의도적으로 신(神)을 집중한다." 신의(神意 : 정신)를 운용하여 단전(丹

田)에 합치하면, 선천진양(先天眞陽)의 기(氣)가 온몸에 운행하여 감화되니, 미세한 것에까지 두루 미치며, 그리고 사용하려면 어디나 모두 있고, 언제나 항상 이와 같다. 소위 모든 물체마다 하나의 태극(太極)이고, 물체마다 하나의 음양(陰陽)이다. 중용(中庸)에 말하기를: "귀신의 효험은 대단하지만, 보아도 알아보지 못하고, 들어도 알아듣지 못하며, 체험하여 알아도 증거를 남길 수 없다."라고 하니, 또한 이 권술의 뜻이다. 그러므로 권술을 수련하는 사람은, 이미 만들어진 규칙이나 방법을 그대로 지키며 이를 응용만 해서는 안 된다. 기존의 방법이란 것은, 처음 기초를 터득하도록 가르치는 규칙이며, 사람의 기질(氣質 : 성격 성질 자질 품격)을 변화시킬 수 있고, 사람의 지식(智識)을 넓히며, 사람의 심성(心性)을 밝히는데, 이것은 후천적인 기질(氣質)을 없애고, 이로써 그 선천적인 기(氣)를 회복한다. 허무(虛無)에 이르게 될 때에는, 체(體)라고 말할 수 없고, 용(用)이라고 말할 수 없다. 권경(拳經)에 말하기를: "정(靜)이 본체(本體)이고, 동(動)이 작용(作用)이며, 체(體)와 용(用)은 한 근원이다." 체용(體用)을 분별하여 말하자면, 체(體)로써 말하면, 사람의 갖가지 모든 행위와 말하거나 침묵하거나 모든 것이 다 도(道)에 들어맞는다. 용(用)으로써 이것을 말하면, 아무래도 괜찮다. 내가 어린시절에 혈기(血氣)가 왕성하고, 힘이 한창 세고, 수법 기술을 꽤 많이 알고, 사용함도 익숙하고 또한 빨랐다. 다른 사람과 서로 비교할 때마다, 상대방의 형식(形式)을 관찰하여서, 어떤 종류의 수법을 쓸 수 있어 꼭 알맞았다. 기술이 미숙한 사람은, 한 호흡 먼저 차지하면 항상 이겼다. 기술이 심오한 사람을 만나면, 그 몸의 식(式 : 자세 형 혹은 초식)을 관찰하여서, 어떤 종류의 수법을 쓰면 역시 꼭 알맞았으나, 상대방의 몸 가에 도달하기만하면, 상대방은 즉각 식(式)에 따르면서 변화하였다. 자신이 사용한 힘이 아직 다 없어지지 않고, 새로운 힘이 아직 생겨나지 않았는데, 항상 다시 수법을 변환하니, 손쓸 틈이 없는 곳이 나타나고, 때로는 나아가고 물러남이 민첩하지 못하여서, 곧 상대방에게 패하였다. 이후에 힘써 노력하여 오래되자 어느 날 환히 깨달았는데, 체식(體式 : 형식)이나 법신(法身) 모두를 벗어나버렸다. 이전에 수련했던 체식(體式) 모두가 다 혈기(血氣)를 사용한 방법이었음을 비로소 깨달았는데, 사용한 법술(法術)은 바로 틀에 박힌 규칙이었고, 이전의 용법(用法)은 중간에 모두 끊어짐이 있어서, 수(手)를 연이어 변화할 수 없었으니, 모두가 이 후천(後天)을 운용하여 처리하여서, 중화(中和)를 얻지 못한 까닭이다. 이전에 어느 분도 권술을 수련한 사람이었고, 내가 있는 곳에서 한담하였는데, 그는 혈기왕성하고 힘이 있음을 믿고서, 이 권술의 도리를 모르면서 은근히 불복하는 의사가 있었다. 나는 이때 마침 얼굴을 씻었는데, 게다가 내가 얼굴을 씻는 자세는 모두 기마식(騎馬式)을 사용하였고, 결코 그에게 주의를 기울이지 않았다. 뜻밖에도 그는 장난을 치려고 하여서, 일어나 발을 사용하였는데, 나의 뒤쪽 허리로 향하여 발로 찼다. 그의 발이 바야흐로 나의 몸 가에 도달하여서, 접근한 듯도 하고 아직 아닌 듯도 한 때에, 나는 결코 미리 예상하지 않았으나, 예를 들어 정좌(靜坐)수련은 단전(丹田)의 기(氣)가 처음 움직이면, 마음속의 신의(神意)와 지각(知覺)은 즉시 또 등배로 이어받아 보내는 것과 같았다. 이때 물체가 도달하자 신(神 : 정신 주의력 신경)이 알아차리고, 나의 신(神)과 형(形 : 몸 형체)은 하나로 합치되어서, 몸이 곧 일어났는데, 허리아래에 어떤 물체가 부딪쳐 나감을 느꼈고, 돌아보니 바로 그가 넘어져 일장 넘게 나가서, 몸을 펴고 땅바닥에 누워 있었다. 그가 오는 것을 내가 어떻게 무엇으로 먼저 알아차렸으며, 또한 무슨 방법으로 대응해야 좋을지 알 도리가 없는데, 이것은 바로 권술의 무의식중에 떨쳐 흔드는 신기한 힘이니, 지극하고 진실하도다! 권경(拳經)에 말하기를 : "권(拳)은 권(拳)이 없고, 의(意)는 의(意)가 없으며, 의(意)가 없는 중이 진정한 의(意)이다."

이러한 권술의 정도에 이르면, 형(形)도 없고 상(相)도 없고, 아(我)도 없고 타(他)도 없고, 오직 한결같은 신(神)의 령광(靈光 : 신령한 빛)만 있어, 오묘하기가 헤아릴 수 없다. 권경(拳經)에 말하기를: "온 세상이 한 기(氣)로서 나의 도(道)가 완성되고, 도(道)가 완성됨은 다섯 가지 진형(眞形 : 五行拳)외에 달리 방법이 없다. 진형(眞形) 내에 진실한 정신(精神)을 간직하고, 신(神)은 기(氣) 내에 간직하여 단도(丹道)가 완성된다. 만약 진형(眞形)을 따져 물으려면 반드시 진실함을 추구해야 하고, 진형(眞形)을 알고자 하면 진상(眞相)에 합치해야 한다. 진상(眞相)에 합치되면 진결(眞訣 : 비법 비결)이 생겨나고, 진결(眞訣)이 도(道)에 합치하려면 철저히 령(靈 : 예민하다 효력이 있다 영리하다)해야 한다. 령근(靈根 : 몸 신체)을 양성하며 마음을 움직이는 것은 강한 상대방에 대적하는 것이고, 령근(靈根)을 양성하며 마음을 고요히 하는 것은 도(道)를 닦는 것이다. 무예(武藝)가 비록 진짜일지라도 그 비결이 진실하지 않으면, 마음을 다 기울려 애써도 헛되이 수고만 한다. 조사(祖師)가 진정한 묘결(妙訣)을 남겼으니, 지혜로운 사람이 전수하되 옳은 사람을 골라야 한다."

車毅齋先生云, 形意拳之道, 合于中庸之道也. 其道中正, 廣大至易至簡, 不偏不倚, 和而不流, 包羅萬象, 體物不遺. 放之則彌六合, 卷之則退藏于密, 其味無窮, 皆實學也. 惟是起初所學, 先要學一派, 一派之中, 亦得專一形而學之. 學而時習之, 習之已熟, 然後再學他形. 各形純熟, 再貫串統一而習之. 習之極熟, 全體各形之式, 一形如一手之式, 一手如一意之動, 一意如同自虛空發出. 所以練拳學者, 自虛無而起, 自虛無而還也. 到此時形意也, 八卦也, 太極也, 諸形皆無, 萬象皆空, 混混淪淪, 一渾氣然, 何有太極, 何有形意, 何有八卦也. 所以練拳術不在形式, 只在神氣圓滿無虧而已, 神氣圓滿, 形式雖方, 而亦能活動無滯. 神氣不足,就是形式雖圓,動作亦不能靈通也.拳經云:"尚德不尚力,意在蓄神耳."用神意合丹田,先天眞陽之氣運化于周身,無微不至,以至于應用,無處不有,無時不然.所謂物物一太極,物物一陰陽也.中庸云:"鬼神之爲德,其盛矣乎,視之而弗見,聽之而弗聞,體物而不可遺."亦是此拳之意義也.所以練拳術者,不可守定成規成法而應用之.成法者,是初入門敎人之規則,可以變化人之氣質,開人之智識,明人之心性,是化除後天之氣質,以復其先天之氣也.以至虛無之時,無所謂體,無所謂用.拳經云:"靜爲本體,動爲作用,是體用一源也."體用分言之,以體言,行止坐臥,一言一黙,無往而不得其道也.以用言之,無可無不可也.余幼年間血氣盛足,力量正大,法術記得頗多,用的亦熟亦快.每逢與人相比較之時,觀彼之形式,可以用某種手法正合宜.技術淺者,占人一氣之先,往往勝人.遇着技術深者,觀其身式,用某種手法亦正合宜,一到彼之身邊,彼卽隨式而變矣.自己的舊力未完,新力未生,往往再變換手法,有來不及處,一時進退不靈活,就敗于彼矣.以後用力之久而一旦豁然貫通,將體式法身全都脫去.始悟前者所練體式皆是血氣,所用之法術乃是成規,先前用法中間皆有間斷,不能連手變化,皆因是後天用事,不得中和之故也.昔年有一某先生,亦是練拳之人,在余處閑談,彼憑着血氣力足,不明此拳之道理,暗中有不服之意.余此時正洗面,且吾洗面之姿勢,皆用騎馬式,並未注意于彼.不料彼要取玩笑,起身用脚,望着余之後腰,用脚踢去.彼足方到予之身邊,似挨未挨之時,予並未預料,譬如靜坐功夫,丹田之氣始動,心中之神意知覺,卽速又望背接渡也.此時物到神知,予神形合一,身子一起,覺腰下有物碰出,回觀則彼跌出一丈有餘,平身躺在地下.予先何從知彼之來,又無從知以何法應之,此乃拳術無意中抖擻之神力也,至哉信乎.拳經云:"拳無拳,意無意,無意之中是眞意也."至此拳術,無形無相,無我無他,只有一神之靈光,奧妙不測耳.拳經云:"混元一氣吾道成,道成莫外五眞形.眞形內藏眞精神,神藏氣內丹道成. 如問眞形須求眞, 要知眞形合眞相. 眞相合來有眞訣, 眞訣合道得徹靈. 養靈根而動心者, 敵將也, 養靈根而靜心者, 修道也. 武藝雖眞竅不眞, 費盡心機枉勞神. 祖師留下眞妙訣, 知者傳授要擇人."

제6절 장수덕(張樹德) 선생의 말을 설명하다

  장수덕(張樹德)선생이 말하기를, 형의권의 도리는 병기(兵器)수련을 말하지 않아서, 내가 처음 수련할 때에도 다만 창(槍) 도(刀) 검(劍) 같은 병기술(兵器術)이 없는지 의심하였다. 나는 창술(槍術)을 수십 년간 수련하였고, 여러 성(省)의 벗들을 방문하여서, 만난 명인(名人)들 또한 수십 명이나 되었는데, 그들이 수련한 문파(門派)가 달랐으며, 또한 제각기 자기의 장기를 가지고 있었다. 나는 이로부터 밤낮으로 부지런히 연습하여서, 비로소 창(槍) 중의 오묘함을 얻었다. 이전에는 창(槍)을 사용하면, 자신의 솜씨가 잽싸고, 보법(步法)이 민첩하게 동작하며, 용법(用法)이 대단히 교묘하다고 언제나 생각하였으나, 그러나 다른 사람과 겨루어 보니, 왕왕 상대방에게 제압당하였는데, 형식(形式)이나 법술(法術)은 대수롭지 않음을 후에 비로소 알았고, 몸이 있으나 몸이 없는 것과 같고, 창이 있으나 창이 없는 것과 같으며, 휘둘러 사용함은 오직 한결같은 마음에 있음을 알았다(마음이 바로 창이고, 창이 바로 마음이다). 창(槍)은 3절(節) 8릉(楞 : 모서리)으로 나누고, 눈을 사용하여 상대방의 형식을 주시하여서, 상중하(上中下) 3로(路)인지, 혹은 초절(梢節) 중절(中節) 근절(根節)인지 살피고, 마음이 움직이기만 하면, 수족(手足)과 창(槍)이 하나로 합치되어, 교룡(蛟龍)이 물에서 나오는 것과 같으며, 곧장 상대방의 몸에 도달하면, 상대방은 곧 패한다. 수족의 동작은 능숙하게 훈련시키면, 저절로 운행됨을 비로소 알았다. 내가 형의권을 수련한 이래, 아침저녁으로 연습하였고, 그 도리를 심신(心身)에 체득하였으며, 또한 아는 것을 그대로 실행하였는데, 원래 같은 길이의 창(槍)이지만, 나중에 느끼기에 자신의 창이 이전에는 이 창(槍)을 사용하면 짧은 듯 하였으나, 지금 이 창(槍)을 사용하면 길게 느껴졌고, 더욱이 느끼기에 능숙히 잘 사용하는 것이 창(槍)의 형식이나 길이에 있지 않고, 모두 권술 중의 신의(神意)의 묘용(妙用)에 있음을 깨달았다. 또한 권술이 바로 검술이고 창법이며, 검술이나 창법 역시 바로 권술임을 비로소 알았다. 권경(拳經)에 말하기를: "마음이 총사령관이고, 눈은 선봉(先鋒)이며, 수족은 군대이고, 창(槍)을 권(拳)으로 삼으며, 권(拳)을 창(槍)으로 삼고, 창(槍)이 찌름은 화살을 쏘는 것과 같다."라고 하니 바로 이 뜻이다. 이러하기 때문에 형의권술이 창(槍)이나 검(劍)을 말하지 않음을 비로소 이해하였는데, 그 도리가 적합하여 조화되고, 내외(內外)가 한결같고, 모두 체득하여 아니, 어디에서나 모두 그 도리를 얻는다.

張樹德先生云, 形意拳之道, 不言器械, 余初練之時, 亦只疑無有槍刀劍術之類. 余練槍法數十年, 訪友數省, 相遇名家, 亦有數十余名, 所練門派不同, 亦各有所長. 余自是而後, 晝夜勤習, 方得槍中之奧妙. 昔年用槍, 總以爲自己身手快利, 步法活動, 用法多巧, 然而與人相較, 往往彼人所制, 後始知不在乎形式法術, 有身如無身, 有槍如無槍, 運用只在一心耳(心卽槍, 槍卽心也). 槍分三節八楞, 用眼視定彼之形式, 上中下三路, 或梢節中節根節, 心一動, 而手足與槍合一, 似蛟龍出水一般, 直到彼身, 彼卽敗矣. 方知手足動作, 教練純熟, 不令而行也. 余自練形意拳以來, 朝夕習練, 將道理得之于身心, 而又知行合一, 故同一長短之槍, 已覺自己之槍, 昔用之似短, 今用之則長, 更覺善用者不在槍之形式長短, 全在拳中神意之妙用也. 又方知拳術卽劍術槍法, 劍術槍法亦卽拳術也. 拳經云: "心爲元帥, 眼爲先鋒, 手足爲五營四哨, 以槍爲拳, 以拳爲槍, 槍扎如射箭." 卽此意也. 故此始悟形意拳術不言槍劍, 因其道理中和, 內外如一, 體物而不遺, 無往而不得其道也.

제7절 유효란(劉曉蘭) 선생의 말을 설명하다

　유효란(劉曉蘭)선생이 말하기를, 형의권의 도리는 다른 것이 아니라, 사람의 기질(氣質)을 변화시키고, 그 적당한 조화를 얻는 것에 불과할 뿐이다. 한 기(氣)로부터 음양(陰陽)으로 나누어지고, 음양(陰陽)으로부터 오행(五行)으로 나누어지며, 오행(五行)으로부터 한 기(氣)로 돌아온다. 12형(形)의 이치 또한 한 기(氣)와 음양오행의 변화로부터 생겨난다. 주자(朱子)가 말하기를: "하늘은 음양오행으로써 만물을 만들고, 기(氣)는 형체를 이룸으로써 리(理)가 곧 널리 펼쳐진다."라는 것이 바로 이 뜻이다. 나는 어린시절부터 팔극권(八極拳)을 수련하여서, 공부가 꽤 깊었고, 권술 중의 응용하는 법술(法術)은, 예를 들면 참주(攙肘 : 팔극권 기법 중 팔꿈치를 이용한 기법의 일종) 정주(定肘) 제주(擠肘) 고주(挎肘) 등등의 수법 또한 매우 익숙하여서, 다른 사람과 겨루면 항상 이겼다. 그 후 한 명인(名人)을 만났는데, 몸이 잽싸게 변화하며, 떨어져 나가거나 달라붙거나 하므로 나의 수법이 쓸모가 없었고, 틀에 박힌 수법에 때때로 얽매여 변화할 수 없어서, 자신의 공부가 익숙하지 못한 잘못인지 또한 의심하였다. 그 후 형의권으로 바꾸어 수련하여서, 오행생극(五行生克)을 응용하는 법칙을 배웠는데, 예컨대 벽권(劈拳)은 붕권(崩拳)을 타파할 수 있으니, 금(金)이 목(木)을 이기고, 찬권(鑽拳)이 포권(炮拳)을 타파할 수 있으니, 수(水)가 화(火)를 이긴다. 연습하여 수십 년이 되자 그간에 체득한 도(道)와 아는 것을 그대로 실행하는 리(理)를 비로소 이해하였는데, 마음속이 지극히 허령(虛靈)하고, 신형(身形) 또한 지극히 조화되어 순조롭고, 내외(內外)가 하나로 합치되었으며, 또한 오행권(五行拳)이 상생상극(相生相克)함을 깨달았는데, 금(金)이 목(木)을 이기지만, 목(木) 또한 금(金)을 이길 수 있고, 금(金)이 수(水)를 생성하나, 수(水) 또한 금(金)을 생성할 수 있다. 옛사

람이 말하기를: "서로 교대하여 자손이 된다는 뜻이다". 이전에 사용된 법칙은, 때에 따라서 응용하면, 수시로 처리함이 모두 적합하고, 또한 무엇이든지 모두 스스로 터득한다. 그러므로 형의권은 적합하게 조화된 본체이며, 만물 모두 그 중에서 함양됨을 비로소 알았다.

劉曉蘭先生云, 形意拳之道無他, 不過變化人之氣質, 得其中和而已. 從一氣而分陰陽, 從陰陽而分五行, 從五行而還一氣. 十二形之理, 亦從一氣陰陽五行變化而生也. 朱子云: "天以陰陽五行, 化生萬物, 氣以成形, 而理卽敷焉." 卽此意也. 余從幼年練八極拳, 功夫頗深, 拳中應用之法術, 如攬肘定肘擠肘挎肘等等之着法, 亦極其純熟, 與人相較, 往往勝人. 其後遇一能手, 身軀靈變, 或離或合, 則吾法無所施, 往往拘守成法而不能變化, 尙疑爲自己功夫不純之過也. 其後改練形意拳, 習五行生克應用之法則, 如劈拳能破崩拳, 以金克木, 鑽拳能破炮拳, 以水克火. 習至數十年方悟所得之道, 知行合一之理, 心中極其虛靈, 身形亦極其和順, 內外如一, 又知五行拳互相生克, 金克木, 木亦能克金, 金生水, 水亦能生金. 古人云: "互相遞爲子孫之意也." 以前所用之法則, 而時應用, 無不隨時措之宜也, 亦無入而不自得也. 因此始知形意拳, 是個中和之體, 萬物皆涵育于其中矣.

제8절 이경재(李鏡齋) 선생의 말을 설명하다

 이경재(李鏡齋)선생이 말하기를, 일반적으로 권술을 수련하는 사람들 다수가 체(體)와 용(用)이 합치하지 않는 정황이 있다. 수련한 체식(體式)이나 공부(功夫)가 매우 능숙함을 볼 때마다, 기력(氣力) 또한 아주 대단한데, 그러나 사용하는 법칙은 때때로 체식(體式)과 서로 어긋남이 있으니, 모두가 다 그 수련하는 체(體) 중의 형식이 순조롭지 못하고, 심신(心身)이 합치하지 못하기 때문이며, 다만 도리에 어긋나는 기(氣)가 생긴다. 예를 들어 유학자(儒學者)가 글을 읽으면, 읽어서 잘 알고, 이치도 지극히 깊이 간파하나, 그렇지만 지어내는 문장은 때때로 조리가 없는데, 역시 그가 간파한 글의 이치가 곧 도리에 어긋나는 점이 있기 때문이다. 문(文)과 무(武)가 비록 다른 도(道)이나, 그 이치는 같다.

 李鏡齋先生言, 常有練拳術者, 多有體用不合之情形. 每見所練之體式功夫極其純熟, 氣力亦極大, 然而所用之法則, 常有與體式相違者, 皆因是所練之體中形式不順, 身心不合, 則有悖戾之氣也. 譬如儒家讀書, 讀得極熟, 看理亦極深, 惟是所做出之文章, 常有不順, 亦是伊所看書之理, 則有悖謬之處耶. 雖然文武不同道, 其理則一也.

제9절 이존의(李存義) 선생의 말을 설명하다

제1칙

이존의(李存義 : 1847~1921)선생 말씀이: 권경(拳經)에 말하기를: "정(靜)이 본체(本體)이고, 동(動)이 작용(作用)이며, 고요하여 움직이지 않으나, 느껴지는 대로 곧 통하여 아니, 이것은 경(勁)을 변화하고 신(神)을 단련하여 허(虛)로 돌아가는 작용이다." 명경(明勁)과 암경(暗勁)의 체용(體用)은, 온몸사지를 느슨히 풀고, 신기(神氣)는 거두어들여 단전(丹田)으로 가라앉히고, 내외(內外)가 합치하여 한 기(氣)를 이루며, 또 양 눈은 상대방의 양 눈이나 혹은 사지를 주시하여 살피고, 자신은 움직이지 않음을 체(體)로 삼는다. 만약 발경(發勁)이 단단하거나 부드럽고 굽히거나 곧바르며, 세로지거나 가로지고 에두르거나 파고드니, 허(虛)하거나 실(實)한 경(勁)이고, 올라가거나 내려가고 나아가거나 물러나며, 피하거나 드러내고 펴거나 움츠리니, 변화하는 방법이며, 이 모두가 다 용(用)이다. 이것은 다른 사람과 겨룰 때, 체용(體用)을 분석하는 의미내용이다. 만약 형의권 본래 취지의 체용(體用)을 말한다면, 자신이 권술을 수련하는 것이 그 체(體)이고, 다른 사람과 겨룰 때, 수련한 바에 따라서 때때로 그것을 응용하는 것이 그 용(用)이다. 허실(虛實)의 변화는 독자적으로 운용하지 않고, 상대방이 행동을 취하는 형식에 따라서 생겨나는 것이다.

제2칙

나는 권술을 연습하면서, 간사하게 남을 속이는 마음을 쓸 줄은 평생토록 몰랐다. 선사(先師)가 또한 항상 말하기를 "싸움에서는 적을 속여 넘겨도 된다"라고 하였으니, 자신이 비록 교활하게 남을 속이지 않더라도, 그러나 다른 사람을 방비하지 않으면 안 된다. 평생토록 고의로 간사하게 속여서 상대방을 이긴 적이 한번도 없고, 모두 다 진실한 무공으로써 이겼다. 만약 교활하게 속여서 상대방을 이기면, 상대방이 기꺼이 진심으로 복종했다고는 할 수 없으니, 교활하게 속이는 마음이 무슨 이득이 있겠는가. 다른 사람과 겨루는 것은 반드시 떳떳하고 정당해야 하며, 교활한 마음을 몰래 감추어서는 안 되고, 상대방을 이기거나 상대방에 패하거나, 마음속에 저절로 환히 아니, 모두 다 도리(道理)에 능하여서 얻는 것이다. 비록 간사하게 남을 속이는 짓을 자신은 하지 않으나, 또한 방비하지 않으면 안 되니, 오직 상대방의 도리가 강(剛)한지 유(柔)한지 허(虛)한지 실(實)한지 교(巧)한지 졸(拙)한지를 자세히 살펴야 할 뿐이다(이 여섯 글자는 도리 중의 변화이며, 교활하게 남을 속이는 것은 도리 안에 없고, 좋은 말로 사람을 암암리에 진정시키고는, 불의에 사람을 공격한다). 강(剛)이란 것은 명강(明剛)과 암강(暗剛)이 있고, 유(柔)란 것은 명유(明柔)와 암유(暗柔)가 있다. 명강(明剛)이란 것은, 아직 다른 사람과 맞붙어 싸우지 않은 때에는, 온몸이 동작하며, 신기(神氣)가 밖으로 모두 드러나는데, 만약 서로 맞붙어 싸워서, 상대방이 힘을 들여 내 손을 움켜잡으면, 마치 강철갈고리와 같고, 기력(氣力)이 뼈로 침투하는 듯하며, 자신이 느끼기에 신체가 마치 상대방에게 잡혀 묶인 것과 같은데, 이것이 명강(明剛) 중의 내경(內勁)이다. 암강(暗剛)이란 것은, 다른 사람과 겨루면, 동작이 평상시와 같고, 오르내리는 동작도 지극히 조화되어 순조로우며, 두 사람의 손이 맞붙어 겨루면, 상대방의 손가락이 솜처럼 부드러우나, 의(意)를 사용하여 움켜잡으면, 신기(神氣)가 골수(骨髓)에 침투할 뿐만 아니라, 또한 마음속에 연루되어 마치 감전(感電)된 것과 같은데, 이것은 암강(暗剛) 중의 내경(內勁)이다. 명유(明柔)라는 것은, 이 사람의 형식이나 동작을 살펴보면, 조금도 기력(氣力)이 없으나, 만약 아는 사람이 살펴보면, 비록 신체가 유연하여 기력(氣力)이 없으나, 그러나 신체가 동작하면, 몸이 경쾌하기가 깃털 같으며, 내외(內外)가 일치하고, 신기(神氣)가 몸을 감싸며 결코 조금도 산란한 곳이 없다. 상대방과 맞붙어 싸울 때, 움켜잡으면 있는 듯하나, 다시 손을 사용하여 타격하거나 부딪치면, 또한 없는 듯하다. 이 사람은 또한 자신에게 조금도 의(意)를 사용하지 않는데, 이것은 명유(明柔) 중의 내경(內勁)이다. 암유(暗柔)라는 것은, 이를 살펴보면 신기(神氣)의 위엄이 마치 태산과 같다. 만약 다른 사람과 겨루어서, 두 사람의 손이 서로 교차하면, 그 돌아 움직임이 강철공과 같다. 손이 바야흐로 이 사람의 몸에 도달하여 단단한 듯하고, 힘을 들여 타격하여 가면, 곧 상대방의 몸 중에 또한 지극히 민첩하여서, 손이 마치 부레풀과 비슷하고, 팔은 마치 강철 철사줄과 같으며, 상대방을 달라붙이거나 혹은 얽어매는 듯이 할 수 있어서, 자신이 느끼기에 모든 방법이 손쓸 수가 없으며, 이 사람은 또한 일시적으로 특별히 힘을 들이지 않고, 언제나 한 기세(氣勢)로 운행하는데, 이것은 암유(暗柔) 중의 내경(內勁)이다. 이것은 내가 다른 사람과 도예(道藝)를 서로 교류하고, 두 사람이 서로 겨루어 얻은 경험이다. 이후에 배우는 사람이 만약 이 4가지 형식의 사람을 만나면, 자신의 도예(道藝)가 깊은지 얕은지 신기(神氣)가 두터운지 엷은 지를 헤아려서, 서로 비교한다. 만약 자신이 상대방의 신기(神氣)에 억눌리지 않으면, 상대방과 겨룰 수 있고, 만약 맞대면하여 먼저 상대방의 신기(神氣)에 억눌려서, 자신이 먼저 겁에 질리면, 상대방과 겨룰 수 없다. 만약 도(道)를 구하려는 마음이 없다면 그만이지만, 만약 도(道)를 구하려는 마음이 있다면, 오직 겸허하고 공경해야만 그 도(道)를 구할 수 있다. 병법(兵法)에 말하기를: "나를 알고 상대방을 알면 항상 이긴다." 이와 같이 다른 사람을 살펴볼 수 있고, 이와 같이 다른 사람을 응대할 수 있으면, 천하무적이 될 수 있으나, 결코 사람마다 다 이길 수 있어야만 비로소 영웅이 되는 것은 아니다. 허(虛)하거나 실(實)하거나 교(巧)하거나 졸(拙)하다는 것은, 피차 두 사람이 맞대면하여 몇 마디 말을 주고받으면, 곧 겨루려고 하는데, 상대방의 신형(身形)은 키가 큰지 작은지 동작은 민첩한지 아닌지를 살피고, 또한 상대방의 신기(神氣)가 두터운지 엷은 지를 보며, 움직이거나 가만있거나 말하는 중에 내가(內家)권술을 하는지 외가(外家)권술을 하는지를 간파하고, 먼저 돌연하게 승리를 취해서는 안 되며, 먼저 헛손질을 하여 탐색하고, 상대방의 동작이 허(虛)한지 실(實)한지 교(巧)한지 졸(拙)한지를 기다려서, 행동거지가 드러나면 승패는 그 대강을 알 수 있다. 남에게 패함은 말할 필요가 없고, 만약 남보다 뛰어나도 역시 도리 중에 남을 이기는 것이다. 설사 남에게 패하여도, 역시 교활하게 남을 속이는 마음을 써서는 안 된다. 내가 권술을 평생토록 수련한 이유는 언제나 도리로써 남을 납득시켰기 때문이다. 이상은 여러 선사(先師)들도 항상 말한 것이고, 역시 내가 일생을 경험한 일이다. 이후에 배우는 사람은, 비록 교활한 속임수를 쓰지 않더라도, 교활한 속임수를 방비하지 않으면 안 되니, 나의 충직하고 온후함을 배우지 말라, 항상 남에게 속는다.

第一則

李存義先生言: 拳經云: "靜爲本體, 動爲作用, 寂然不動, 感而遂通, 是化勁練神還虛之用也." 明暗勁之體用, 是將周身四肢鬆開, 神氣縮回, 而沈於丹田, 內外合成一氣, 再將兩目視定彼之兩目, 或四肢, 自己不動而爲體也. 若是發勁剛柔曲直, 縱橫圜研, 虛實之勁, 起落進退, 閃展伸縮, 變化之法, 此皆爲用也. 此是與人相較之時, 分析體用之意義也. 若論形意拳本旨之體用, 是自己練趟子爲之體, 與人相較之時, 按練時而應之爲之用也. 虛實變化不自專用, 因彼之所發之形式而生之也.

第二則

余練習拳學, 一生不知用奸詐之心. 先師亦常云"兵不厭詐", 自己雖不用奸詐, 然而不可不防他人. 終身未嘗有意一次用奸詐之勝人, 皆以實在功夫也. 若以奸詐勝人, 彼未必肯心服也, 奸詐心有何益哉. 與人相較總是光明正大, 不能暗藏奸心, 或是勝人, 或是敗于人, 心中自然明曉, 皆能于道理有益也. 雖然奸詐自己不用, 亦不可不防, 惟是彼之道理, 剛柔虛實巧拙, 不可不察也(此六字是道理中之變化也, 奸詐者不在道理之內, 用好言語將人暗中穩住, 用出其不意打人也). 剛者有明剛有暗剛, 柔者有明柔有暗柔也. 明剛者, 未與人交手時, 周身動作, 神氣皆露于外, 若是相交, 彼一用力抓住吾手, 如同鋼鉤一般, 氣力似透于骨, 自覺身體如同被人捆住一般, 此是明剛中之內勁也. 暗剛者, 與人相較, 動作如平常, 起落動作亦極和順, 兩手相交, 彼之手指軟似棉, 用意一抓, 神氣不只透于骨髓, 而且牽連心中如同觸電一般, 此是暗剛中之內勁也. 明柔者, 視此人之形式動作, 毫無氣力, 若是知者視之, 雖身體柔軟無有氣力, 然而身體動作, 身輕如羽, 內外如一, 神氣周身並無一毫散亂之處. 與彼交手時, 抓之似有, 再用手或打或撞, 而又似無. 此人又毫不用意于己, 此是明柔中之內勁也. 暗柔者, 視之神氣威嚴, 如同泰山. 若與人相較, 兩手相交, 其轉動如鋼球. 手方到此人之身似硬, 一用力打去, 則彼身中又極靈活, 手如同鰾膠相似, 胳膊如同鋼絲條一般, 能將人似粘住, 或纏住, 自己覺着諸方法不能得手, 此人又無有一時格外用力, 總是一氣流行, 此是暗柔中之內勁也. 此是余與人道藝相交, 兩人相較之經驗也. 以後學者若遇此四形式之人, 量自己道藝深淺, 神氣之厚薄, 而相較量. 若是自己不能被彼之神氣欺住, 可以與彼相較, 若是睹面先被彼神氣罩住,自己先懼一頭, 就不可與彼較量. 若無求道之心則已, 若是有求道之心, 只可虛心而恭敬之, 以求其道也. 兵法云: "知己知彼, 百戰百勝." 能如此視人, 能如此待人, 可以能無敵于天下也, 並非人人能勝方爲英雄也. 虛實巧拙者, 是彼此兩人一睹面數言, 就要相較, 察彼之身形高矮, 動作靈活不靈活, 又看彼之神氣厚薄, 一動一靜言談之中, 是內家是外家, 先不可驟然取勝于人, 先用虛手以探試之, 等彼之動作, 或虛或實, 或巧或拙, 一露形迹, 勝敗可以知其大概矣. 被人所敗不必言矣, 若是勝于人亦是道理中之勝人也. 就是被人所敗, 亦不能用奸詐之心也. 余所以練拳一生, 總是以道服人也. 以上諸先師亦常言之, 亦是余一生所經驗之事也. 以後學者, 雖然不用奸詐, 不可不防奸詐, 莫學余忠厚, 時常被人所欺也.

제10절 전정걸(田靜杰) 선생의 말을 설명하다

전정걸(田靜杰)선생이 말하기를: 형의권술의 이치는, 본래 한쪽으로 치우치지 않으며, 적당하고 바르며 조화되고 공평하며, 자연스러운 한 기(氣: 氣勢)가 운행하는 도리이다. 권경(拳經)에 말하기를: "몸자세는 앞으로 넘어지면 안 되고, 뒤로 젖히면 안 되고, 왼쪽으로 기울면 안 되고, 오른쪽으로 비스듬하면 안 된다"라고 하니, 즉 한쪽으로 치우치지 않는다는 뜻이다. 그 기(氣)는 말아 감은즉 은밀한 곳(즉 단전이다)에 거두어 간직하고, 방출한즉 6합(六合)에 가득 차며{심(心)과 의(意)가 합하고, 의(意)와 기(氣)가 합하고, 기(氣)와 역(力)이 합하는 것이 내3합(內三合)이다. 견(肩: 어깨)과 과(胯: 다리와 허리 사이의 연결부위)가 합하고, 주(肘: 팔꿈치)와 슬(膝: 무릎)이 합하고, 수(手)와 족(足)이 합하는 것이 외3합(外三合)이다}, 수련하여서 12형(形) 중에 발휘한다{12형(形)은 모든 형(形)의 요점이다}. 신체의 동작은 여러 형식으로 인하여 상하(上下) 대소(大小)의 구분이 있고, 동정(動靜) 강유(剛柔)의 분별이 있고, 올라가거나 내려가며 나아가거나 물러나는 식(式)이 있고, 펴거나 움츠리며 숨기거나 드러내는 기(機: 시기 기회 계기 기능)가 있는데, 비록 밖으로 드러내는 동작은 매우 많은 형(形)으로 구분하나, 안으로는 한 가지 이치로 모든 것을 꿰뚫어서 운용한다.

田靜杰先生言: 形意拳術之理, 本是不偏不倚, 中正和平, 自然一氣流行之道也. 拳經云: "身式不可前栽, 不可後仰, 不可左斜, 不可右歪." 卽不偏不倚之意也. 其氣卷之則退藏于密(卽丹田也), 放之則彌六合(心與意合意與氣合氣與力合是內三合也. 肩與胯合肘與膝合手與足合是外三合也), 練之發着于十二形之中(十二形爲万形之綱也). 身體動作, 因諸形式有上下大小之分, 有動靜剛柔之判, 起落進退之式, 伸縮隱現之機也, 雖然外形動作有万形之分, 而內運用一以貫之也.

제11절 이규원(李奎垣) 선생의 말을 설명하다

제1칙

이규원(李奎垣)선생이 말하기를: 형의권술의 도리는, 의(意)라는 것은 바로 사람의 근본적인 성(性: 본성 성품 성질)이고, 천지(天地)에서는 바로 토(土)이며, 토(土)라는 것은 천지(天地)의 성(性)이고, 성(性)이라는 것은 사람 신체의 토(土)이며, 사람에서는 바로 성(性)이고, 권술에서는 바로 횡(橫: 오행권 중의 橫拳)이며, 횡(橫)이란 것은 바로 권술 중의 선천적이며 원만하고 적당하며 조화된 한결같은 기(氣)이다. 안으로 4가지 덕(德)을 포함하고 있으니, 바로 벽(劈) 붕(崩) 찬(鑽) 포(炮)이며, 즉 진실한 의(意)이다. 형의(形意)라는 것은 사람의 온몸 사지가 동작함이 그 규칙을 따르며, 그 저절로 당연함에 순응하고, 밖으로는 형식에 어긋나지 않으며, 안으로는 신기(神氣)에 위반되지 않는데, 외면적인 형식의 순조로움은 내부 신기(神氣)의 조화됨이고, 외면적인 형식의 올바름은 내부 의기(意氣)의 적당함이다. 그러므로 그 밖을 보면, 그 안을 알고, 안으로 진실하면, 밖으로 나타나니, 즉 내외(內外)가 합치하여 하나가 되는 것이다. 선현(先賢)이 말하기를: "그 하나를 얻으면 모든 일이 완성된다"라고 하니, 이것은 형의권술에 대해서 형의(形意) 두 글자를 개괄하는 뜻이다.

가만히 앉아서 하는 수련은 비록 정(靜)이 극도에 달하면 동(動)이 생겨나지만, 단전(丹田)의 동(動)은 외부에서 온 기(氣)가 동(動)하는 것이며, 사실은 여전히 의(意)가 동(動)하는 것이고, 모든 음(陰)이 소멸되면 양(陽)이 돌아오니, 이것은 음(陰)의 정(靜)이 극도에 달하면 동(動)이 생겨나는 것이다. 단서(丹書) 연기편(練己篇)에 말하기를: "자기 자신이란 것은 나의 진실한 성(性)이며, 정(靜)이 바로 성(性)이 되고, 동(動)

이 바로 의(意)가 되며, 묘용(妙用)은 바로 신(神)이 된다."라고 하니, 정(靜)하지 않으면 곧 진실한 의(意)가 동(動)하지 않는데, 어찌 묘용(妙用)이 있겠는가, 그러므로 동(動)이라는 것은 진실한 의(意)이고, 권술을 수련하여 지극히 능숙한 경지에 도달하면, 역시 성(性)이 정(靜)해지고, 진실한 의(意)가 발동(發動)하며, 그리고 묘용(妙用)이 곧 신(神: 신령)하다. 가만히 앉아서 하는 수련의 정(靜)이 극도에 달하면 동(動)함에 관해 말하자면, 수련을 조절하는 노련함과 서투름, 법칙을 적용하여 근본으로 돌아감은, 또한 단지 성(性)이 정(靜)하며 의(意)가 동(動)하여서 한결같은 신(神)의 묘용(妙用)일 뿐이다.

제2칙

형의권술 수련의 첫 단계는 명경(明勁)이며, 어깨를 내리고 팔꿈치를 늘어뜨리며 허리를 가라앉히는데, 글씨를 쓸 때 붓을 아래로 억누르는 공부와 똑같은 의미이다. 둘째 단계는 암경(暗勁)을 수련하며, 경(勁)을 느슨하게 하여서 밖으로 경(勁)을 벌리거나 경(勁)을 움츠리는데, 각 부위의 경(勁)은 글씨를 쓸 때 붓을 들어올리는 것과 똑같은 의미이며, 머리를 받쳐 올리고 발을 박차는 듯 디뎌 버티며, 이것은 억누르는 중에 들어올림이 있고, 들어올리는 중에 억누름이 있는 것이다. 셋째 단계는 화경(化勁)을 수련하며, 이상의 명경(明勁)과 암경(暗勁)을 모두 가지고 있으나 있는지를 스스로 의식하지 못하고, 오직 신(神: 정신)이 운행하는 묘용(妙用)만 있으니, 마음 내키는 대로 초서(草書)를 쓰는 것과 똑같은 의미이다. 권술의 규칙법도와 신기(神氣)의 구성 그리고 형질(形質: 형체와 실질)의 전환을 설명하는 그 말은, 일찍이 문정공가서(文正公家書)의 글씨를 논한 글에, 건곤(乾坤) 두 괘(卦)와 예악(禮樂)의 뜻을 말한 것과 도리가 또한 똑같다.

제3칙

　형의권술의 도리는, 형식에 얽매여서는 안 되고, 또한 형식에 오로지 몰두해서도 안 되니, 두 가지 모두 올바른 도리가 아니다. 선사(先師)가 말하기를 "법술(法術)과 규칙은 스승에게서 물려받아 빌린 것이고, 도리가 교묘하려면 반드시 자신이 깨달아 할 줄 알아야 한다. 그러므로 권술을 수련하는 사람은, 편벽(偏僻)되고 기이(奇異)한 형식을 수련하여서 몸이 그것에 얽매여서는 안 되며, 또한 난잡하고 무질서한 권술을 수련하여서 그 도리를 통달할 수 없으면 안 된다." 그러므로 권술을 수련하는 사람은, 먼저 훌륭한 스승을 구하고 좋은 벗을 얻어야 하며, 애를 쓰서 생각하여 분명하게 이해하고, 몸소 체험하여 힘써 실천하며, 중간에 멈추지 않고 매일 연습해야만 비로소 터득하는 바가 있다. 이와 같지 않고 일생을 그럭저럭 흐리멍덩하면, 막연하여 아는 바가 없다. 속담에 말하기를: "온 마음을 다 기울이면 세상에 못할 일이 없다."라고 하며, 세상 사람들 모두 말하기를 권술의 도리는 깊고 커서 구하기 어렵다고 하나, 실은 그렇지 않다. 《중용(中庸)》에 말하기를: "도(道)는 사람에게서 멀리 있지 않은데, 사람이 도(道)를 행한다며 사람에게서 멀리한다.(도는 원래 일상적이며 친근한 것인데, 사람들이 공연히 도를 기이하고 어려운 것으로 만들어 버렸다)" 하늘과 땅 사이 만물의 이(理: 이치)는 모두 다 도(道)의 유행과 분산이다. 사람은 하나의 작은 천지이고, 또한 천지간의 한 물(物)이다. 그러므로 내 몸 중의 음양(陰陽)은 바로 천지의 음양(陰陽)이고, 만물의 이(理) 또한 바로 내 몸 중의 이(理)이다. 《대학(大學)》 주(注)에 말하기를: "심(心)은 안에 있고 이(理)는 물(物)에 두루 미치며, 물(物)은 밖에 있고 이(理)는 심(心)에 갖추어 있다." 《역(易)》 주(注)에 말하기를: "멀리는 우주(宇宙) 밖에 있고, 가까이는 몸 중에 있으니, 멀리는 물(物)에게서 찾아 얻고, 가까이는 몸에게서 찾아 얻으며, 천지의 거대함과 우주의 심원함 그리고 만물의 이(理)는 모두 내 몸 중에 있다." 그 권술이 시작하며 말하는 하나의 이(理)는, 바로 형의권 중의 태극삼체식(太極三體式)이 시작되는 지점이다. 중간에 분산하여 모든 것이 생겨나니, 바로 음양(陰陽)과 오행(五行)과 12형(形)이고, 각 형(形)의 이(理)에 이르기까지, 모든 미세한 것에 두루 미치지 않음이 없다. 마지막에 다시 합하여 하나의 이(理)가 되는 것은, 바로 각 형(形)의 이(理)가 전체적으로 합하여서 내외가 일치하는 것이다. 이것을 방출하면 곧 우주(천하)에 가득 차는 것인데, 즉 신체의 형식이 펼치면, 내부의 신기(神氣)가 크게 펴서, 두루 갖추어 충만하여 완전무결하다. 높기로는 마치 하늘에 도달하는 것과 같고, 멀기로는 마치 천지의 밖에 이르는 것과 같다. 이것을 걷어 들이면 은밀하게 감추는 것이니, 즉 신기(神氣)가 단전(丹田)으로 움츠려서, 공허해지고 없어진다는 뜻이다. 멀리는 물(物)에게서 찾아 얻는다는 것은, 예를 들면 뱀의 일체를 이루는 물(物: 物性)은, 구불구불하며 대단히 용맹스럽고, 바람같이 오고 가는데, 나는 그 의(意)를 얻고자 한다. 가까이는 몸에게서 찾아 얻는다는 것은, 만약 사형(蛇形)을 수련하려면, 반드시 그 형(形)을 연구해야 하며, 5행권(五行拳){즉 벽권(劈拳) 붕권(崩拳) 찬권(鑽拳) 포권(炮拳) 횡권(橫拳)이다} 중에 어느 권(拳)이 합하여 변화되어서 사형(蛇形)의 경(勁)을 생산해내는 것이다. 경(勁)이란 것은 바로 내부의 신기(神氣)가 관통하는 기(氣)이다. 그러므로 이 형(形)의 행동을 보려면, 머리와 꼬리 그리고 몸체가 늘었다 줄었다 하며 맴돌고, 3절(節: 梢節 中節 根節)이 한 기(氣: 氣勢)를 이루며, 억지로 무리함이 털끝만큼도 없다. 물(物)의 성능(性能)은 부드러운(柔) 중에 단단함(剛)이 있고, 단단한 중에 부드러움이 있다. 부드럽다는 것은, 마치 명주실 끈과 비슷하고, 단단하다는 것은, 다른 물체를 얽어매어 감아서 마치 강철 철사와 같다. 그 위에 물(物)의 형식과 동작, 민첩하며 구불구불하고 단단하거나 부드러운 이(理)를 마음속으로 깨닫고, 그 위에 자신의 신체가 힘써 노력하여 이를 모방하며, 공을 오래 들이면 이 물(物)의 형식과 성능(性能)을 자연히 체득하여서, 나의 성능(性能)과 합치하여 하나가 된다. 이 형(形)의 성능(性能)은, 철저히 이치를 따져 밝혀 통달하고 나서, 다시 다른 형(形)의 성능(性能)을 파고들어 그 도리를 명확히 알고, 12형(形)의 이(理) 역시 그러하며, 이로써 모든 형(形)의 이(理)에까지 이른다. 움직이거나 정지하거나 문득 쳐다보아도 다만 나의 의(意)와 서로 감응하기만 하면, 홀연히 느끼기에 내 몸 중의 도리와 서로 합치하니, 즉각 이 물(物)의 동작을 모방할 수 있고, 이를 운용할 수 있다. 그러므로 권술을 수련하는 사람은, 응당 겸허하게 널리 묻고, 자기만 옳다고 여겨서는 안 된다. 내가 이전에 창술(槍術)과 권술(拳術)을 다른 사람과 겨루었을 때, 곧 다른 사람의 수법에 패하였는데, 그러나 그가 나를 이긴 이 수법을 또한 빌어서 응용하였더니, 내가 수련했던 도리를 오히려 분명하게 체득하였다. 그러므로 권술이 바로 도리이고, 도리가 바로 권술이며, 천지만물은 모두 본받아 배울 수 있으니, 즉 세상 사람들 또한 모두 나의 스승과 벗이 될 수 있다. 내가 어린시절에 권술을 수련한 이유는, 성격이 유달리 고집이 세어서, 자신이 남보다 뛰어나다고 언제나 생각했기 때문이다. 곽운심(郭雲深)선생의 제자가 되어 형의권술을 전수받아서 입문하였고, 또한 선생께서 차근차근 잘 타일러 이끌어 주었고, 자신이 열심히 배우며 밤낮으로 끊이지 않았고, 또한 좋은 벗의 도움을 받아서, 문득 환하게 깨달으니, 마음이 활짝 트였다. 이전에 수련한 모든 행위를 회상하니, 모든 일이 다 그르고, 자신이 느끼기에 마음속이 부끄러워 후회하며, 머리카락이 곤두서도록 두려우니, 이로부터 옛 사람이 말한 "성현(聖賢)을 추구함은 자신에게 달려있고, 부귀공명은 운명에 달려있다."는 뜻을 알겠다. 권술을 수련하는 것은, 사람의 평생에 걸친 재앙과 행복에 관한 것이니, 후학들은 이를 알아야 한다. 이로부터 이후에는 감히 자신의 뛰어남을 말하거나 다른 사람의 흉을 보지 못하였고, 도리가 무궁함을 알았다. 속담에 말하기를: "강한 자 위에 더 강한 자가 있고, 뛰는 놈 위에 나는 놈 있다."라고 하니, 마음속에 두려움을 가져 조심하여서, 잠시도 감히 이 도리를 잊지 못하였고, 평생토록 또한 감히 교만하여 남을 깔보지 못하였다.

제4칙

형의권의 도리는, 수련하자면 수많은 곡절과 단계가 있고, 또한 수많은 장애와 혼란이 있는데, 자칫 이를 분별하지 못하면, 권술 중의 수많은 폐단이 생겨난다. 그러므로 수련하는 사람은, 먼저 마음속을 텅 비움을 체(體)로 삼고, 신기(神氣)가 서로 교류함을 용(用)으로 삼고, 허리를 주재자(主宰者)로 삼고, 단전(丹田)을 근본으로 삼고, 3체식(三體式)을 기초로 삼고, 9요(要)의 규칙과 법도를 권술수련의 도구로 삼고, 5행권(五行拳)과 12형(形)을 권술 중의 물(物: 내용 실질)로 삼는다. 그러므로 드러내어 산란해진 기(氣)를 적합하게 바로잡으며, 거슬러 움츠려서 단전(丹田)으로 돌아오고, 호흡을 운용하여 단련하되, 입과 코로 하는 호흡을 운용하지 않고, 진정한 식(息)을 운용하여 단전(丹田)에 축적해야 한다. 입속의 호흡은, 혀는 입천장에 받쳐 올려 지탱하고, 입은 벌린 듯도 하고 벌리지 않은 듯도 하며, 닫은 듯도 하고 닫지 않은 듯도 하며, 여전히 평소와 같이 호흡하고, 털끝만한 무리함도 있어서는 안 되며, 오로지 자연스러움에 내버려두어야 한다. 3가지 해로움 즉 정흉(挺胸: 가슴을 쑥 내밀기) 제복(提腹: 배를 내밀기) 노기(努氣: 무리하게 힘을 들이기)를 없애야 하는 이유는, 이것이 형의권 수련의 큰 폐단이기 때문이다. 혹은 수련하는 규칙이 맞지 않아도, 자신이 모르거나, 신형(身形)도 조화되어 순조롭게 느껴지고, 마음속에도 자연스럽게 느껴지나, 그러나 수련하여 수년이 되도록 노력하였어도, 권술의 내면적인 것과 외면적인 것이 진보가 있음을 느끼지 못하는데, 잘 아는 사람이 보면, 이것은 저급한 수준에 당연히 생기는 장애에 든 것이다. 혹은 수련하는 사람이, 손발의 동작도 질서정연하고, 내외(內外)의 기(氣)도 잘 합치되어서, 다른 사람이 보면, 온몸의 힘은 보기에도 아주 크고 무궁하며, 자신이 느끼기에도 또한 그러하나, 그렇지만 남과 겨루면, 상대방의 몸에 방출하여도, 힘이 세다고 느끼지 못하는데, 지혜로운 사람이 말하기를: "이것은 장애에 구속당하여 붙잡혀 매인 것이다. 양 어깨 근절(根節)과 양 과(胯) 안쪽 근절(根節)이 활짝 펴지지 않아서, 안으로 벌리고 밖으로 합함을 모르기 때문이다. 이와 같이 하여서는 설사 일생을 수련하여도, 신체는 깃털처럼 날렵하고 민첩할 수 없다." 또한 매일 연습하여 신형(身形)도 조화되어 순조롭고, 마음속도 상쾌한데, 갑자기 어느 날, 수련하니 신형(身形)도 순조롭지 못하고, 느끼기에 뱃속도 거북하며, 수련하는 자세의 올라가거나 내려가고 나아가거나 물러남이 또한 맞지 않게 느껴지면서, 마음속이 때때로 답답하고 울적하게 느껴졌다. 지혜로운 사람이 말하기를: "이것은 풀리지 않는 의혹덩어리에 도달한 처지이다. 사실은 권술이 진보가 확실하게 있으며, 이때 공을 들이기를 멈추면 안 되고, 의혹을 일으키는 장애에 저지당해서는 절대로 안 되며, 즉시 스승께 도리를 설명해달라고 청하여서 수련해간다. 공을 들이기를 오래하면, 어느 때 갑자기 환하게 깨닫는데, 곧 모든 물(物)의 외면과 내면 그리고 정교함과 조잡함이 모두 다가오면서, 나의 권술의 전체적인 큰 쓰임새가 모두 명백해진다. 이 때에 이르면 모든 장애가 다 없어져버리고, 도리는 방해받을 수가 없다." 구조(邱祖)가 말하기를: "마장(魔障)을 한 바탕 겪어 견디고 나면, 행운이 한층 더 생겨난다."

第一則

　李奎垣先生云: 形意拳術之道, 意者卽人之元性也, 在天地則爲土, 土者天地之性, 性者人身之土也, 在人則爲性, 在拳則爲橫, 橫者卽拳中先天圓滿中和之一氣也. 內包四德, 卽劈崩鑽炮也, 亦卽眞意也. 形意者是人之周身四肢動作, 從其規矩, 順其自然, 外不乖于形式, 內不悖于神氣, 外面形式之順, 是內中神氣之和, 外面形式之正, 是內中意氣之中. 是故見其外, 知其內, 誠于內, 形于外, 卽內外合而爲一者也. 先賢云: "得其一而萬事畢." 此爲形意拳術, 形意二字大概之意義也.

　坐功雖云靜極而生動, 丹田之動, 是外來之氣動, 其實還是意動, 群陰剝盡一陽來復, 是陰之靜極而生動矣. 丹書練己篇云: "己者我之眞性, 靜則爲性, 動則爲意, 妙用則爲神也." 不靜則眞意不動, 而何有妙用乎, 所以動者是眞意, 練拳術到至善處, 亦是性至靜, 眞意發動, 而妙用卽是神也. 至于坐功靜極而動, 採取火候之老嫩, 法輪升降之歸根, 亦不外性靜意動, 一神之妙用也.

第二則

　練形意拳術, 頭層明勁, 垂肩墜肘塌腰, 與寫字之功夫往下按筆意思相同也. 二層練暗勁, 鬆勁往外開勁縮勁, 各處之勁與寫字提筆意思相同也, 頂頭蹬足, 是按中有提, 提中有按也. 三層練化勁, 以上之勁俱有而不覺有, 只有神行妙用, 與之隨意作草書者, 意思相同也. 其言拳之規則法度, 神氣結構, 轉折形質, 與曾文正公家書論書字, 言乾坤二卦, 並禮樂之意者, 道理亦相同也.

第三則

形意拳術之道,勿拘于形式,亦不可專務于形式,二者皆非正道. 先師云:"法術規矩在假師傳,道理巧妙,須自己悟會. 故練拳術者,不可以練偏僻奇異之形式,而身爲其所拘,亦不可以練散亂無章之拳術,而不能通其道."所以練拳術者,先要求明師得良友,心思會悟,身體力行,日日習練,不可間斷,方能有得也. 不如是,混混沌沌一生,茫然無所知也. 俗語云:"世上無難事,就怕心不專",世人皆云拳術道理深遠不好求,實則不然. 《中庸》云:"道不遠人,人之爲道而遠人."天地之間,萬物之理,皆道之流行分散耳. 人爲一小天地,亦天地間之一物也. 故我身中之陰陽,卽天地之陰陽也,萬物之理,亦卽我身中之理也. 大學注云:"心在內而理周乎物,物在外而理具于心."易注云:"遠在六合以外,近在一身之中,遠取諸物,近取諸身,天地之大,六合之遠,萬物之理,莫不在我一身之中."其拳始言一理,卽形意拳中之太極三體式之起點也. 中散爲萬事,卽陰陽五行十二形,以至各形之理,無微不至也. 末復合爲一理者,卽各形之理,總而合之,內外如一也. 放之則彌六合者,卽身體形式伸展,內中神氣放開,圓滿無缺也. 高者如同極于天也,遠者如至六合之外也. 卷之則退藏于密者,卽神氣縮至于丹田,至虛至無之意義也. 遠取諸物者,譬如蛇之一物,曲屈夭矯,來去如風,吾欲取其意也. 近取諸身者,若練蛇形,須研究其形,是五行拳中(卽劈崩鑽炮橫也),何行合化而生出此形之勁也. 勁者卽內中神氣貫通之氣也. 所以要看此形之行動,頭尾身,伸縮盤旋,三節一氣,無一毫之勉強也. 物之性能柔中有剛,剛中有柔. 柔者,如同絲帶相似,剛者,纏住別物之體,如鋼絲相似. 再將物之形式動作,靈活曲折剛柔之理,而意會之,再自己身體力行而效之,功久自然得着此物之形式性能,與我之性能合而爲一矣. 此形之性能,格物通了,再格物他形之性能,十二形之理亦然,以至于萬形之理. 只要一動一靜,驟然視見，與我之意相感，忽覺與我身中之道理相合，卽可傚效此物之動作，而運用之. 所以練拳術者，宜虛心博問，不可自是. 余昔年與人相較槍拳之時，卽敗于人之手，然而又借此他勝我之法術，而得明我所練之道理也. 是故拳術卽道理，道理卽拳術，天地萬物無不可效法也，卽世人亦無不可作我之師與友也. 所以余幼年練拳術，性情異常剛愎，總覺己高于人. 自拜郭雲深先生爲師教授形意拳術，得着門徑，又得先生循循善誘，自己用功，晝夜不斷，又得良友相助，忽然豁然明悟，心闊似海. 回思昔日所練所行，諸事皆非，自覺心中愧悔，毛髮悚懼，自此而知古人云："求聖求賢在于己，功名富貴在于命." 練拳術者，關于人之一生禍福，後學者不可不知也. 自此以後不敢言己之長，議人之短，知道理之無窮. 俗云："強中自有強中手，能人背後有能人." 心中戰戰兢兢，須臾不敢離此道理，一生亦不敢驕矜于人也.

第四則

形意拳之道，練之有無數之曲折層次，亦有無數之魔力混亂，一有不察，拳中無數之弊病出焉. 故練者，先以心中虛空爲體，以神氣相交爲用，以腰爲主宰，以丹田爲根，以三體式爲基礎，以九要之規模爲練拳之具，以五行十二形爲拳中之物. 故將所發出散亂之氣順中，用逆縮回歸于丹田，用呼吸鍛煉，不用口鼻呼吸，要用眞息積于丹田. 口中之呼吸，舌頂上齶，口似張非張，似吻非吻，還照常呼吸，不可有一毫之勉強，要純任自然耳. 所以要除三害，挺胸提腹努氣是練形意拳之大弊病也. 或有練的規矩不合，自己不知，身形亦覺和順，心中亦覺自如，然而練至數年功夫，拳術之內外不覺有進步，以通者觀之，是入于俗派自然之魔力也. 或有練者，手足動作亦整齊，內外之氣亦合得住，以旁人觀之，周身之力量看着亦極大無窮，自覺亦復如是，惟是與人相較，放在人家之身上，不覺有力,知者云:"是被拘魔所捆也.因兩肩根兩胯裡根不舒展,不知內開外合之故也.如此雖練一生,身體不能如羽毛之輕靈也."又有每日練習身形亦和順,心中亦舒暢,忽然一朝,身形練着亦不順,腹中覺着亦不合,所練的姿勢起落進退,亦覺不對,而心中時覺郁悶.知者云;"是到疑團之地也.其實拳術確有進步,此時不可停功,千萬不可被疑魔所阻,卽速求師說明道理而練去.用功之久,而一旦豁然貫通,則衆物之表裡精粗之無不到,而吾拳之全體大用無不明矣.至此諸魔盡去,道理不能有所阻也.邱祖云:"經一番魔亂,長一層福力也."

제12절 경성신(耿誠信) 선생의 말을 설명하다

경성신(耿誠信)선생이 말하기를: 어린 시절에 권술을 연습할 때, 화를 잘 내고, 혈기가 심히 왕성하여서, 왕왕 다른 사람과 이유없이 다투었고, 권술을 수련하는 동지를 마치 원수처럼 여겼다. 자신이 항상 번뇌를 자초하였고, 이 때 몸은 서투른 힘에 얽매여서, 자신이 어느 정도의 힘이 있는지를 몰랐다. 어떤 친구가 심주(深州)의 유기란(劉奇蘭)선생을 소개하여서, 그의 제자가 되었다. 선생이 말하기를: "이 형의권은 기질(氣質)을 변화시키는 도(道)로서 시초(始初)로 되돌아가는 것이고, 후천적인 혈기의 힘을 추구하는 것이 아니다." 초보적인 명경(明勁)공부를 수련하고서부터, 4·5년의 시간이 지나자, 스스로 느끼기에 온몸의 기질(氣質)과 마음속의 성정(性情: 성격 성질)이 이전과는 크게 달랐다. 이전에 하였던 일을 회상하니, 남에게 성질을 내며 소리친 것이, 언제나 마음속에 심히 부끄럽고 후회되었다. 이로부터 이후에는 암경(暗勁)을 연습하여서, 또 5·6년이 지나자, 몸 내면과 외면의 상태가 명경(明勁)을 수련할 때와는 또 달랐다. 권술을 수련하는 사람을 볼 때마다, 모두 사이좋게 어울렸고, 기술이 나보다 나은 사람을 만나면, 또한 그들 모두를 찬양하였다. 이때 자신이 가지고 있던 기술은, 또한 조금 인색한 마음이 있어서, 남에게 선뜻 보여주려 하지 않았다. 그 다음에 또 화경(化勁)으로 바꾸어 수련하였는데, 이를 연습하여서 또 5·6년의 공을 들이니, 신체 내외(內外)의 강유(剛柔)가 서로 합치된 경(勁)으로부터 점차 변화되어서 이 경(勁)이 없어지고, 이 때에 이르러 비로소 느끼기에 뱃속(마음속)이 텅텅 비고, 흐리멍덩하며, 아무런 형상(形相: 외양 모습)이 없고, 나도 없고 남도 없는(나와 남의 구별이 없는) 경지였다. 이로부터 비로소 저것과 이것의 분별이 없어지고, 문파에 얽매인 편견이 없어져서, 권술을 수련하는 사람을 만나면 모두 뜻이 맞았고, 혹은 수련이 아직 올바른 방법에 이르지 못한 사람이면, 모두 딱하게 여겨져 가르치려 하였다. 겨루어 보기를 원하는 권술수련자를 우연히 만나면, 사람을 공격하려는 마음 따위를 결코 먼저 품어 가지지 않았고, 사용하여 발휘한 것은 모두 도리(道理)였으며, 또한 어느 경우에나 모두 잘 처리하였다. 형의권은 중화(中和)의 도리이고, 그러므로 사람의 기질(氣質)을 변화시킬 수 있으며, 도(道)에 들어가는 것임을 이때 비로소 알았다.

耿誠信先生云: 幼年練習拳術之時, 肝火太盛, 血氣甚旺, 往往與人無故不相和, 視同道如仇敵. 自己常常自煩自惱, 此身爲拙勁所拘, 不知自己有多大力量. 有友人介紹深州劉奇蘭先生, 拜伊爲門下. 先生云:"此形意拳, 是變化氣質之道, 復還于初, 非是求後天血氣之力也." 自練初步明勁功夫, 四五年之時, 自覺周身之氣質腹內之性情, 與前大不相同. 回思昔年所做之事, 對于人所發之性情言語, 時時心中甚覺愧悔. 自此而後習練暗勁, 又五六年, 身中內外之景況與練明勁之時又不同矣. 每見同道之人, 無不相合, 遇有技術在我以上者, 亦無不稱揚之. 此時自己心中技術, 還有一點吝嗇之心, 不肯輕示于人. 嗣又遷于化勁, 習之又至五六年工夫, 由身體內外剛柔相合之勁, 而漸化至于無此, 至此方覺腹內空空洞洞, 渾渾沌沌, 無形無相, 無我無他之境矣. 自此方無有彼此之分, 門戶之見, 遇有同道者, 無所不愛, 或有練習未及于道者, 無不憐憫而欲敎之. 偶遇同道之人相比較者, 並無先存一個打人之心在內, 所用所發皆是道理, 亦無入而不自得矣. 此時方知形意拳是個中和之道理, 所以能變化人之氣質而入于道也.

제13절 주명태(周明泰) 선생의 말을 설명하다

　주명태(周明泰)선생이 말하기를: 형의권의 도리는, 몸을 단련할 때, 온몸이 활발하게 움직여야 하고, 얽매여서는 안 된다. 권경(拳經)에 말하기를: "16처연법(十六處練法: 제7장 形意拳譜摘要 참조) 중에 비록 4취(就)의 이론이 있으나, 취(就)라는 것은 몸을 단속하여 졸라매는 것이다. 몸을 단속하여 졸라매는 것은 얽매이는 것이 아니고, 이것은 몸을 움츠려서, 안으로는 벌리고 밖으로는 합하며, 비록 되돌려 움츠리나, 밖으로 드러나는 자세는 활짝 펴고, 순행(順行) 중에 역행(逆行)이 있고, 역행(逆行) 중에 순행(順行)이 있다." 이런 까닭으로 형의권의 도리는, 내부의 신기(神氣)가 치우침 없이 올바르고 서로 교차해야 하며, 밖으로 드러나는 자세는 조화되어 순조로워 어긋나지 않아야 한다. 그러므로 몸을 단련할 때, 온몸의 내외(內外)는 얽매여서는 안 되며, 그러나 이를 사용할 때는, 겉모습 또한 산란한 자세가 있어서는 안 되고, 내부에는 자만하거나 두려워하는 마음이 있어서는 안 된다. 설사 무술이 아주 미숙한 사람을 만나거나 혹은 무술을 모르는 사람을 만나더라도, 내부에는 교만한 마음을 품어 있어서는 안 되며, 또한 단 한 수법(手法)으로 남을 반드시 이길 수는 없다. 반드시 먼저 자신의 양 손을 혹은 허(虛)이거나 혹은 실(實)이 되게 하여서, 민첩해야 하며 힘을 들여 굳어져서는 안 되고, 양 발이 나아가거나 물러남은 편리해야 하며 정체되어서는 안 되고, 혹은 한두 수(手)거나 혹은 서너너덧 수(手)에 구애받지 않고, 상대방의 허실(虛實)이 진상을 드러내도록 끌어내고, 더욱이 때에 맞게 나아가면, 남을 이길 수 있다. 만약 무술이 출중한 사람을 만나면, 그 무공이 지극히 깊음을 알고, 또한 그 신체동작은 신형(神形: 정신과 신체)이 서로 합치함을 보고, 나는 마음속으로 또한 그의 무공을 찬미하여도, 또한 두려워하는 마음이 생겨서는 안 된다. 반드시 신기(神氣)를 집중해야 하고, 양 눈은 상대방의 양 눈이 따라가는지 거스르는지를 살펴보고 있어야 하며, 그 위에 상대방의 양 손과 양 발이 허(虛)인지 실(實)인지를 살펴보고, 혹은 나아가거나 물러남이 서로 엇갈릴 때, 상대방이 나아가면 내가 물러나고, 상대방이 물러나면 내가 나아가고, 상대방이 강(剛)하면 내가 유(柔)하고, 상대방이 유(柔)하면 내가 강(剛)하고, 상대방이 짧으면 내가 길고, 상대방이 길면 내가 짧고, 또한 상대방의 진위(眞僞)를 헤아리며 효력이 실제로 있는지를 가늠하여서 대응해야 하고, 틀에 박힌 수법에 얽매인 채로 반드시 남을 이기려고 해서는 안 된다. 이와 같은 용법이 비록 상대방을 이길 수는 없을지라도, 또한 맞붙어 싸우자마자 곧 상대방에 패하지는 않는다. 그러므로 권술을 수련하는 도리는, 자신의 능력이 대단하여 천하무적이라고 여겨서는 안 되고, 또한 두려워하는 마음이 생겨서 남과 겨룰 용기가 없어서는 안 된다. 그러므로 반드시 자신을 알며 상대방을 알아야 하고, 자신을 알고 상대방을 모르면 이길 수 없고, 상대방을 알고 자신을 몰라도 또한 이길 수 없다. 그러므로 자신을 알고 상대방을 알 수 있어야만 이길 수 있고, 또한 위대한 영웅이라 불릴 수 있다.

周明泰先生云: 形意拳之道, 練體之時, 周身要活動, 不可拘束. 拳經云: "十六處練法之中, 雖有四就之說, 就者束身也. 束身非拘也, 是將身縮住, 內開外合, 雖往回縮, 外形之式要舒展, 順中有逆, 逆中有順." 是故形意拳之道, 內中之神氣要中正相交, 外形之姿式要和順不悖. 所以練體之時, 周身內外不可拘束, 然而所用之時, 外形亦不可有散亂之式, 內中不可有驕懼之心. 就是遇武術至淺之人, 或遇不識武術之人, 內中不可有驕傲之心存, 亦不可以一手法必勝他人. 務要先將自己之兩手或虛或實, 要靈活不可拘力, 兩足之進退, 要便利不可停滯, 或一二手, 或三五手不拘, 將伊之虛實眞情引出, 再因時而進之, 可以能勝他人也. 倘若遇武術高超之人, 知其功夫極深, 亦見其身體動作神形相合, 己心中亦讚美伊之功夫, 亦不可生恐懼之心. 務要將神氣貫注, 兩目視定伊之兩眼之順逆, 再視伊之兩手兩足或虛或實, 或進退相交之時, 彼進我退, 彼退我進, 彼剛我柔, 彼柔我剛, 彼短我長, 彼長我短, 亦得量彼之真假靈實而應之, 不可拘定一成法而必勝于人也. 如此用法, 雖然不能勝于彼, 亦不能一交手, 即敗于彼也. 故練拳術之道, 不可自負其能, 無敵于天下也, 亦不可有恐懼心, 不敢與人相較也. 所以務要知己知彼, 知己不知彼, 不能勝人, 知彼而不知己, 亦不能勝人. 故能知己知彼, 可以能勝人, 而亦能成為大英雄之名也.

제14절 허점오(許占鰲) 선생의 말을 설명하다

제1칙

 허점오(許占鰲)선생이 말하기를: 형의권술을 수련하는 도리는, 경솔하게 얕보는 마음이 절대로 있어서는 안 되고, 5행권(五行拳)과 12형(形)은, 7일에 걸쳐서 한 형(形)을 배우거나, 혹은 10일에 한 형(形)을 배워서, 대략 적게는 반년(半年)이면 다 배울 수 있고, 많게는 1년의 시간이면 완전히 배우기에 족하다. 이와 같이 형의권을 수련하여서, 평생에 이르러도 얻는 바가 없기도 한데, 할 줄 아는 것은 권술의 형식과 피상적인 것에 불과하다. 혹은 이 권술의 도리가 깊고 미묘함을 또한 알지라도, 몸에 익혀 갖추기는 어렵고, 게다가 어려움을 두려워하는 마음이 생기면, 필경 한두 가지 형(形)은 해결할 수 없고, 대개는 3년이나 5년이 되어도 역시 그 깊고 미묘한 비밀을 얻을 수 없으니, 만약 모든 형(形)의 도리에 대하여 이와 같다면, 대개는 평생토록 하여도 역시 완전히 체득하지 못한다. 두 경우 중에 하나라도 있으면, 비록 연습할지라도 결국 성공할 수 없다. 두 경우가 만약에 다 없으면, 다시 겸허하게 스승의 가르침을 구하고, 첫째는 3해(三害)의 병폐(病弊)가 있어서는 안 되고, 둘째는 9요(九要)의 규칙이 분명해야 하고, 셋째는 삼체식(三體式)은 참장(站椿)수련을 많이 해야 한다. 9요(九要)가 완정하게 갖추어지려면, 신체의 외형이 치우침 없이 올발라야 하고, 마음속이 텅 비어야 하고, 신기(神氣)와 호흡은 자연스러워야 하고, 형식(形式)은 조화되어 순조로워야 한다. 이와 같지 않으면 손발을 벌려 연습할 수 없다. 만약 성실하게 연습하려면, 아무래도 빨리 성과를 내려고 하지 말아야 한다. 오늘 조화되어 순조롭지 않으면, 내일 다시 참장(站椿) 수련하고, 한 달을 수련하여도 조화되어 순조롭지 않으면, 다음달에 다시 참장(站樁) 수련한다. 삼체식(三體式)은 사람의 기질(氣質)을 변화시키는 시작이기 때문에, 결코 혈기의 힘을 요구하지 않으며, 이것은 자신의 병폐(病弊)를 제거하는 것이다{서투른 기(氣)와 서투른 힘의 병폐}. 그러므로 삼체식(三體式)을 참장수련하는 사람은, 더디게 체득하거나 빠르게 체득하거나 같지 않은데, 사람의 기질(氣質)과 타고난 성품이 다르기 때문이다. 손을 동작하고 보(步)를 옮기는 연습에 대해서는, 어느 한 형(形)이 뜻대로 되지 못하면 다른 형(形)을 연습해서는 안 되고, 한 달을 연습해도 뜻대로 되지 못하면, 다음 달에 다시 연습하고, 반년을 연습해도 순조롭지 못하면, 일년을 연습하고, 연습하여 신체가 조화되고 순조로워지면, 다시 다른 형(形)을 연습한다. 형식(形式)이 숙련되지 못한 것이 아니라, 다만 내부의 기질(氣質)이 아직 변화되지 못한 것일 뿐이다. 한 형(形)이 통달하여 뜻대로 되고 다시 다른 형(形)을 연습하면, 저절로 쉽게 통달하여 뜻대로 되어서, 나머지 각 형(形) 모두 한 기(氣)가 꿰뚫어 통달할 수 있다. 권경(拳經)에 말하기를: "한 가지에 정통하면 모두 알게 된다." 그러므로 형의권을 수련하는 사람은 빨리 성과를 내려고 해서는 안 되고, 싫증내어 귀찮아하는 마음이 생겨서는 안 되고, 반드시 꾸준한 끈기가 있어야 하고, 자신이 일생동안 언제나 몸을 닦는 공부로 삼아서, 효험이 있든 없든 관계하지 않는다. 이와 같이 수련해 가면 무공은 저절로 터득한다.

제2칙

　형의권술의 삼체식(三體式)이란 것은, 천(天) 지(地) 인(人) 3재(才)의 형상이니, 즉 사람 몸 중의 머리 손 발이며, 또한 바로 형의권 팔괘권 태극권 3파가 합하여 하나가 된 체(體: 본체)이다. 이 삼체식(三體式)은 허(虛)이면서 한 기(氣)가 생겨나는 것이고, 정(靜)에서 동(動)이 되는 것이다. 태극(太極) 양의(兩儀)는 삼체식(三體式)으로 말하자면, 동(動)에서 정(靜)이 되는 것이고, 다시 허(虛)가 극도에 이르고 정(靜)이 극진한 때가 되면 본래의 성(性)으로 돌아온다. 이 성(性)은 선천적인 성(性)이고, 후천적인 성(性)이 아니며, 이것은 형의권술의 본체(本體)이다. 이 삼체식(三體式)은, 후천적인 졸력(拙力)과 혈기로 되는 것이 아니고, 바로 권술 중의 규칙과 스승의 가르침으로 되는 것이고, 이것은 권술이 맨 처음 허(虛)로 돌아가는 도리이다. 이 이치는 정좌(靜坐)수련과 서로 합치하는데, 정좌(靜坐)는 맨 처음 허(虛)로 돌아가야 하고, 허(虛)가 극도에 이르고 정(靜)이 극진할 때를 기다려서, 해저(海底: 會陰)로부터 지각(知覺)이 생겨나고, 움직인 후에 느껴 알아야 하니, 이것은 선천적인 동(動)이고, 알아차린 후에 움직여서는 안 되고, 알아차린 후에 움직이는 것은 후천적인 망상(妄想)으로 생겨난 동(動)이다. 양(陽)이 움직일 때를 기다려서 즉시 의식을 내부로 돌려 되찾아서, 정신을 집중하여 기혈(氣穴)로 들어가고, 신기(神氣)가 서로 교류하면, 두 기(氣)가 합하여 한 기(氣)를 이룬다. 다시 스승의 가르침을 받아서, 약하게 단련하거나 세게 단련하거나 기운을 많이 들이거나 기운을 여리게 들이고, 호흡이 적절하며, 나아가고 물러나며 올라가고 내려감을 단련할 수 있고, 또한 순서대로 공(功)을 들일 수 있다. 이것은 맨 처음 허(虛)로 돌아가는 것이기 때문에, 혈기(血氣)는 그 안에 더할 수 없고, 마음속은 텅텅 비어서, 바로 마음을 맑고 깨끗하게 하여 자신의 본성을 발견하는 것이다. 앞에서 말한 허무(虛無)로부터 삼체식(三體式)에 이르는 것은, 정(靜)에서 동(動)이 되는 것이고, 동(動)이다가 다시 정(靜)이 되고, 이것은 권술 중의 올라가며 뚫어 파고 내려가며 뒤집는 것이 아직 발생하지 않은 것이고, 이것을 중(中)이라 부른다. 중(中)이라는 것은 아직 발생하지 않은 화(和)이다. 삼체식(三體式)은 만물을 거듭나게 하여 확장하는 것이고, 정(靜)이 극도에 달하여 다시 동(動)하니, 이것은 올라가며 뚫어 파고 내려가며 뒤집는 것이 이미 발생한 것이다. 이미 발생한 것은 권술의 횡권(橫拳)이 시작한 것이고, 권술 중의 5행권(五行拳)과 12형권(十二形拳) 그리고 온갖 형(形)은 모두 다 이로부터 생겨난다. 《중용(中庸)》에 말하기를: "하늘이 내려준 것이 성(性)이고, 성(性)에 따르는 것이 도(道)이다"라고 하며, 동(動)하지 않은 것은 아직 발생하지 않은 중(中)이다. 동작하면 삼체식(三體式)의 본체를 순환(循環)할 수 있고, 이것은 이미 발생한 화(和)이고, 화(和)라는 것은 이미 발생한 중(中)이다. 장차 수련하는 권술은, 너무 지나침은 모자람과 같으며, 그 기질(氣質)은 우러러 사모하여 성취하고, 우러러 사모하여 마지않으며, 사람을 가르쳐 기질(氣質)을 변화시켜 다시 중(中)으로 돌아가는데, 이것이 교(敎)이다. 그러므로 형의권의 내경(內勁)은 이러한 중화(中和)로부터 생겨나는 것이다. 흔히 말하기를: "권술 중의 내경(內勁)은 아랫배를 땡땡하게 하여서 단단하기가 견고한 돌과 같다고 하나, 틀린 말이다." 그러니까 형의권의 내경(內勁)은, 사람의 원신(元神: 영혼 정신)과 원기(元氣: 정기)가 서로 합치한 것이고, 어느 한쪽으로 치우치지 않고, 화합하면서도 무작정 휩쓸리지 않고, 지나치지도 않고 모자라지도 않고, 무(無)에서 유(有)가 되고, 미세하다가 현저해지고, 작다가 커지고, 한 기(氣)의 움직임으로부터 온몸에 발휘되고, 아주 활발하여 생기 있으며 모든 것에 있고, 언제나 한결같이 그러하다. 《중용(中庸)》에 말하기를: "이것을 확장하면 우주에 가득 차고, 걷어들이면 은밀히 감추어 나타나지 않으니, 그 재미가 무궁하다."라고 하며, 모두 다 권술 중의 내경(內勁)이다. 수련을 잘하는 사람은, 깊이 새겨보면 얻는 바가 있고, 평생을 아무리 써도 다 할 수가 없는 것이 있다. 삼체식(三體式)은 무슨 형(形)으로 바뀌는지를 막론하고, 예(禮)에 어긋나면 움직이지 않으므로{예(禮)는 바로 권술 중의 규칙과 자세이다}, 그래서 몸을 닦는 것이다. 그러므로 움직이거나 정지하거나, 말하거나 침묵하거나, 가거나 멈추거나 앉거나 눕거나 모든 행위가 다 규칙이 있다. 그러므로 이 권술의 동작은 순전히 저절로 그렇게 되는 대로 맡겨 두는 것이고, 억지로 무리하게 꾸며내는 것이 아니다.

옛사람이 말하기를: "안으로는 자연의 은덕을 행하고, 밖으로는 왕도(王道)를 행하여 감화하니, 결코 군림하는 수단의 행위가 아니다."라고 하니 또한 이 권술의 뜻이다.

第一則

許占鰲先生云: 練形意拳術之道, 萬不可有輕忽易視之心, 五行十二形, 以爲七日學一形, 或十日學一形, 大約少者半年, 可以學完, 多者一年之工夫足以學完全矣. 如此練形意拳, 至于終身不能有所得也, 所會者, 不過拳之形式與皮毛耳. 或者又知此拳之道理精微, 不易得之于身, 而有畏難之心, 總疑一形兩形, 大約三年五年, 亦不能得其精微, 若于全形之道理, 大約終身亦得不完全矣. 二者有一, 雖然習練, 始終不能有成也. 二者若是全無, 再虛心求老師傳授, 第一, 三害之病不可有, 第二, 九要之規矩要眞切, 第三, 三體式要多站. 九要要整齊, 身子外形要中正, 心中要虛空, 神氣呼吸要自然, 形式要和順. 不如此, 不能開手開步練習也. 若是誠意練習, 總要勿求速效. 一日不和順, 明日再站, 一月不和順, 下月再站. 因三體式是變化人之氣質之始, 並非要求血氣之力, 是去自己之病耳(拙氣拙力之病). 所以站三體式者, 有遲速不等, 因人之氣質稟受不同也. 至于開手開步練習, 一形不順不能練他形, 一月不順, 下月再練, 半年不順, 一年練, 練至身體和順, 再練他形. 非是形式不熟, 亦是內中之氣質未變化耳. 一形通順再練他形, 自易通順, 而其餘各形皆可一氣貫通. 拳經云: "一通無不通也." 所以練形意拳者, 勿求速效, 勿生厭煩之心, 務要有恒, 作爲自己一生始終修身之功課, 不管效驗不效驗. 如此練去，功夫自然而有得也.

第二則

　　形意拳術三體式者，天地人三才之像也，卽人身中之頭手足也，亦卽形意八卦太極拳三派合一之體也. 此式是虛而生一氣，是自靜而動也. 太極兩儀至于三體式，是由動而靜也，再致虛極靜篤時還于本性. 此性是先天之性，不是後天之性，此是形意拳術之本體也. 此三體式，非是後天拙力血氣所爲，乃是拳中之規矩，傳授而致也，此是拳術最初還虛之道也. 此理與靜坐之功相合也，靜坐要最初還虛，俟虛極靜篤時，海底而生知覺，要動而後覺，是先天動，不可知而後動，知後而動是後天忘想而生動也. 俟一陽動時卽速回光返照，凝神入于氣穴，神氣相交，二氣合成一氣. 再有傳授，文武火候老嫩，呼吸得法，能以鍛鍊進退升降，亦可以次而行功也. 因此是最初還虛，血氣不能加于其內，心中空空洞洞，卽是明心見性矣. 前者自虛無至三體式，是由靜而動，動而復靜，是拳中起鑽落翻之未發，謂之中也. 中者是未發之和也. 三體式重生萬物張者，是靜極而再動，此是起鑽落翻已發也. 已發是拳之橫拳起也，內中之五行拳十二形拳，以至萬形，皆由此而生也. 《中庸》云："天命之謂性，率性之謂道"，不動是未發之中也. 動作能循環三體式之本體，是已發之和也，和者是已發之中也. 將所練之拳術，有過猶不及，而之氣質仰而就，仰而止，教人改變氣質復歸于中，是之謂教也. 故形意拳之內勁是由此中和而生也. 俗語云："拳中之內勁是鼓小腹，硬如堅石，非也."所以形意拳之內勁，是人之元神元氣相合，不偏不倚，和而不流，無過不及，自無而有，自微而著，自小而大，由一氣之動而發于周身，活活潑潑無物不有，無時不然. 《中庸》云："放之則彌六合，卷之則退藏于密，其味無窮."皆是拳中之內勁也. 善練者，玩索而有得焉，則終身用之，有不能盡者矣.

三體式無論變更何形, 非禮不動(禮即拳中之規矩姿勢也), 所以修身也. 故一動一靜, 一言一默, 行止坐臥, 皆有規矩. 所以此道動作, 是純任自然, 非勉强做作也.

古人云:"內爲天德, 外爲王道, 並非霸術所行." 亦是此拳之意義也.

제5장 팔괘권(八卦拳)

정정화(程廷華) 선생의 말을 설명하다

정정화(程廷華)선생이 말하기를: 팔괘권을 수련하는 도리는, 먼저 사리에 밝은 스승의 가르침을 얻고, 권술 중의 뜻을 이해하며, 그리고 먼저와 나중의 순서를 알아야 한다. 사실은 팔괘(八卦)는 본래 한 기(氣)가 변화하여 나누어진 것이고{한 기(氣)란 것은 바로 태극(太極)이다}, 한 기(氣)는 여전히 팔괘(八卦) 사상(四象) 양의(兩儀)가 합한 것이다. 이런 까닭으로 태극(太極) 외에 팔괘(八卦)가 없고, 팔괘(八卦) 양의(兩儀) 사상(四象) 외에 역시 태극(太極)이 없다. 그러므로 한 기(氣)와 팔괘(八卦)는 그 체(體)가 되고, 64변(變) 그리고 72암족(暗足)은 서로 그 용(用)이 된다. 체(體) 또한 이를 용(用)이라 부르고, 용(用) 또한 이를 체(體)라고 부르며, 체(體)와 용(用)은 한 근원이고, 정(靜)과 동(動)은 한 도리이며, 멀리는 천지의 밖에 있고, 가까이는 하나로 합한 몸 중에 있으며, 움직이거나 정지하거나, 말하거나 침묵하거나, 모두 괘상(卦象)이 있고, 모두 체용(體用)이 있고, 또한 모두 팔괘(八卦)의 도리가 있다. 그 도리는 지극히 커서 무엇이던 모두 포함하고, 그 용(用)은 지극히 신령하여 어디에나 모두 있다. 수련을 말하자면, 내뻗거나 움츠리며 빙빙 회전하고 원만하게 갈고 닦는 이치를 먼저 이해한다. 먼저 내뻗거나 움츠리는 것을 가지고 말하면, 움츠린다는 것은 큰 키에서 작은 키로 움츠리는 것이고, 앞에서부터 뒤로 움츠리는 것이며, 큰 키로부터 작은 키로 움츠리는 정황은, 신체가 움츠려서 깊은 연못에 이르는 것과 같고, 앞에서부터 뒤로 움츠린다는 뜻은, 신체가 마치 움츠려서 깊은 동굴에 이르는 것과 같다. 신체가 길게 내뻗는 사리를 따져 말하자면, 내뻗는다는 것은 신체가 움츠려서 도달한 지극히 낮고 지극히 작은 곳으로부터 다시 위로 내뻗어 가는 것이고, 마치 손을 하늘에 대어 누르며 멀리 내뻗어 가는 것과 같고, 또한 손을 머나먼 바다의 끝으로 내미는 것과 같고, 이것은 권술 중의 벌리거나 합하며 길게 빼내는 것의 자세한 뜻이다. 옛사람이 말하기를: "그 크기는 밖이 없고, 그 작기는 안이 없으며, 이것을 확장하면 우주에 가득 차고, 걷어 들이면 은밀히 감추어 나타나지 않는다."라고 하니, 그러므로 팔괘권의 도리는 안과 밖이 없다. '갈아 문지른다(研)'는 것은 몸을 돌리기를 마치 미세한 나사모양의 정교한 축(軸)과 같이 하고, 신체는 갈아 돌리는 형(形)이 생기면, 가운데의 축(軸)은 이곳을 떠나지 않는다는 뜻이다. 빙빙 회전한다는 것은, 보법(步法)을 크게 벌려서 발을 성큼 나아가 동그라미를 향하여 한번 빙 돌면, 9만 리나 되는 지구 한 바퀴를 신체가 도는 것과 같다는 뜻이다. 신체의 강유(剛柔)에 대해서는, 영리하고 민첩함이 몸에 충분히 나타나고, 활기차게 흘러가며 막힘이 없고, 또한 내부의 규칙은 확실하여 변하지 않으며, 팔은 오래 단련하여 순수한 강철이다가, 나긋나긋하여 부드럽게 변화된다. 양 발의 동작은, 모두 다 직각삼각형의 두 직각변이다(직각변 중의 짧은 변이 勾이고, 긴 변이 股이며, 직각에 대한 빗변이 弦이다). 양 손의 운용은, 또한 동근 활모양을 8개로 자른 선에 부합하고, 그러므로 수(數)는 이(理)를 벗어나지 않고, 이(理)는 수(數)를 벗어나지 않으며, 이(理)와 수(數)가 겸비되어야 비로소 빈틈없이 완전하다. 장차 이 도리를 몸과 마음에 깨달아 알게 되면, 자기 한 몸을 잘 건사할 수 있고, 또한 동시에 세상에 이로울 수 있으니, 몸이 행하는 바는, 부모에 효도하고 윗사람을 공경하고 충성스럽고 신실함이다. 한가하면 입속으로 아미타불을 항상 염송해도 좋으며, 행동거지는 성현(聖賢)의 도리를 벗어나지 않고, 마음속으로 또한 선불(仙佛)의 문하를 떠나지 않으니, 이것을 모르면 팔괘권술을 수련한다고 말할 수 없고, 또한 이와 같지 않으면 팔괘권의 현묘한 도리를 얻을 수 없다.

程廷華先生云: 練八卦拳之道, 先得明師傳授, 曉拳中之意義, 並先後之次序. 其實八卦, 本是一氣變化之分(一氣者卽太極也), 一氣仍是八卦四象兩儀之合. 是故太極之外無八卦, 八卦兩儀四象之外亦無太極也. 所以一氣八卦爲其體, 六十四變, 以及七十二暗足, 互爲其用. 體亦謂之用, 用亦謂之體, 體用一源, 動靜一道, 遠在六合以外, 近在一合身中, 一動一靜, 一言一黙, 莫不有卦象焉, 莫不有體用焉, 亦莫不有八卦之道焉. 其道至大, 而無不包, 其用至神而無不存. 若是言練, 先曉伸縮旋轉圜研之理. 先以伸縮而言之, 縮者是由高而縮于矮, 由前而縮于後, 從高而縮于矮之情形, 身子如縮至于深淵. 從前而縮于後之意思, 身體如同縮至于深窟. 若是論身體伸長而言之, 伸者自身體縮至極矮極微處, 再往上伸去, 如同手捫于天, 往遠伸去, 又同手探于海角, 此是拳中開合抽長之精意. 古人云: "其大無外, 其小無內, 放之則彌六合, 卷之則退藏于密." 所以八卦拳之道, 無內外也. 研者身轉如同幾微的螺絲細軸一般, 身體有研轉之形, 而內中之軸, 無離此地之意也. 旋轉者, 是放開步法, 邁足望着圓圈一旋轉, 如身體轉九萬里之地球一圈之意也. 至于身體剛柔,如玲瓏透體, 活活潑潑流行無滯, 又內中規矩, 的的確確不易, 胳膊百煉之純鋼, 化爲繞指之柔. 兩足動作, 皆勾股三角. 兩手之運用, 又合弧切八線, 所以數不離理, 理不離數, 理數兼該, 乃得萬全也. 將此道得之于身心, 可以獨善其身, 亦可以兼善天下, 身之所行, 是孝悌忠信. 無事口中可以常念阿彌陀佛, 行動不離聖賢之道, 心中亦不離仙佛之門, 非知此, 不足以言練八卦拳術也. 亦非如此不能得着八卦拳之妙道也.

제6장 태극권(太極拳)

제1절 학위정(郝爲楨) 선생의 말을 설명하다

　학위정(郝爲楨 : 1849~1920)선생이 말하기를: 태극권 수련은 세 단계의 뜻이 있다. 첫 단계 연습은, 신체가 마치 물속에 있는 것과 같으며, 양 발은 땅을 밟고, 온몸과 수족은 마치 물의 저항력이 있는 듯이 동작한다. 둘째 단계 연습은, 신체와 수족이 마치 물속에 있는 것과 같이 동작하나, 양 발은 이미 떠올라서 땅에 접촉하지 않고, 헤엄을 잘 치는 사람이 그 사이를 떠다니는 것과 같아서 모두 다 자유자재하다. 셋째 단계 연습은, 신체는 더욱더 날렵하고 민첩하여서, 양 발이 마치 수면위에서 운행하는 것과 같고, 이때의 상황은, 마음속은 깊은 연못가에 다다른 듯 살얼음을 밟는 듯 조심조심하고, 마음속에는 제멋대로 하는 마음이 감히 털끝만큼도 있을 수 없고, 신기(神氣)가 조금이라도 산란해지기만 하면, 즉각 신체가 가라앉을까 두려워한다. 권경(拳經)에 말하기를: "신기(神氣)는 사지에 언제나 완전무결하게 갖추어야 하고, 조금이라도 완정하지 않으면, 몸은 반드시 산란해지고, 반드시 치우치게 되므로, 민첩하여 원활한 묘용(妙用)이 생길 수 없다."라고 하니 바로 이 뜻이다. 또한 말하기를: "나를 아는 공부는 13식(式)을 수련함에 있고, 남을 알려면 반드시 동료 두 사람이 있어서, 매일 4수(手){즉 붕(掤) 날(捋) 제(擠) 안(按)이다. 즉 推手}를 연습하며, 공(功)을 오래 들이면 곧 상대방의 허실(虛實)과 경중(輕重)을 알 수 있고, 언제나 쓸 수 있다." 만약 자신과 함께 마주하여 연습할 사람이 없으면, 움직이지 않는 어떤 물체를 사람으로 삼아서, 양 손이나 혹은 손과 몸을 사용하여 이 물체와 겨루어 본다. 물체의 중심(中心)을 살펴보고 있으면서, 달라 붙이거나 따라 움직이거나, 혹은 수족에 의지하여 언제나 반드시 서로 합해야 하고, 혹은 마치 그것에 달라 붙인 듯한 의사(意思: 생각 심정 기분 상황 기색)이고, 혹은 마치 그것에 접근하여 들러붙은 듯도 하고 아닌 듯도 한 의사(意思)이고, 몸의 내외(內外)는 언제나 반드시 텅 비며 민첩하고 원활하여서, 공(功)을 오래 들이면 신체도 민첩하고 원활할 수 있다. 혹은 활동할 수 있는 어떤 물체와 자신이 상대하여서, 물체가 움직여 가면, 내가 물체의 오고감에 따를 수 있어서 양 손이 접근하여 따르고, 신체가 굽혔다 폈다 왔다 갔다 하고, 상하(上下)가 서로 호응하여 따르고, 내외(內外)가 한 기세이고, 마치 사람과 겨루는 것과 같아서, 붙지도 않고 떨어지지도 않으며 놓치지도 않고 버티지도 않는 뜻을 여전히 추구한다. 이와 같이 심사(心思)가 분명하게 깨닫고, 몸이 체험하고 힘써 실행하여서, 공(功)을 오래 들이면 이끌어 들여서 허공에 빠뜨리는 수법 또한 하고 싶은 대로 하여 사용할 수 있다. 이것은 자신이 힘써 수련하는 것이고, 함께 수련하는 동료가 없는 경우의 수련법이다. 학위정(郝爲楨)선생과 진수봉(陳秀峰)선생이 수련한 권식이 다르기는 하나, 응용하는 방법이나 기술은, 같은 것이 아주 많고, 다른 것은 각기 체험하고 깨달은 바가 약간 일치하지 않는 것이다.

郝爲楨先生云: 練太極拳有三層之意思. 初層練習, 身體如在水中, 兩足踏地, 周身與手足動作如有水之阻力. 第二層練習, 身體手足動作如在水中, 而兩足已浮起不着地, 如長泅者浮游其間皆自如也. 第三層練習, 身體愈輕靈, 兩足如在水面上行, 到此時之景況, 心中戰戰兢兢如臨深淵, 如履薄冰, 心中不敢有一毫放肆之意, 神氣稍爲一散亂, 卽恐身體沈下也. 拳經云:"神氣四肢總要完整, 一有不整, 身必散亂, 必至偏倚, 而不能有靈活之妙用." 卽此意也. 又云:"知己功夫, 在練十三式, 若欲知人, 須有伴侶二人, 每日打四手(卽掤捋擠按也), 功久卽可知人之虛實輕重, 隨時而能用矣." 倘若無人與自己打手, 與一不動之物當爲人, 用兩手或手體與此物相較. 視定物之中心, 或粘或走, 或靠手足總要相合, 或如粘住他的意思, 或如似挨未挨他的意思, 身子內外總要虛空靈活, 功久身體亦可以能靈活矣. 或是自己與一個能活動之物, 物之動去, 我可以隨着物之來去以兩手接隨之, 身體屈伸往來, 上下相隨, 內外一氣, 如同與人相較一般, 仍是求不卽不離不丟不頂之意也. 如此心思會悟, 身體力行, 功久引進落空之法亦可以隨心所欲而用之也. 此是自己用功, 無有伴侶之法則也. 郝爲楨先生與陳秀峰先生所練之架子不同, 而應用之法術, 同者極多, 所不同者, 各有心得之處或不一也.

제2절 진수봉(陳秀峰) 선생의 말을 설명하다

진수봉(陳秀峰)선생이 말하기를, 태극(太極) 팔괘(八卦) 64괘(卦)는, 즉 수족(手足) 사간(四幹) 사지(四肢) 모두 64괘(卦)이다(그 이치는 팔괘권학에 상세히 말하였다). 정정화(程廷華)선생이 말한 유신팔괘(遊身八卦) 그리고 64괘(卦)와는, 양 파(派)의 형식과 용법이 다르나, 그 이치는 오히려 같다. 진수봉(陳秀峰)선생이 사용한 태극(太極) 팔괘(八卦)는, 혹은 달라붙거나, 혹은 따라가거나, 혹은 단단하거나, 혹은 부드럽고, 그리고 산수(散手)의 사용은, 줄곧 가까이 하지도 않고 멀리하지도 않으면서 안으로는 현묘함을 추구하였고, 상대방을 놓치지도 않고 버티지도 않으면서 낌새를 탐구하여서, 상대방을 이끌어 들여 허공에 빠뜨리며, 작은 힘으로 상대방의 큰 힘을 제쳐내는 동작이 발휘하는 신기(神氣)는, 장강(長江)이나 큰 바다처럼 가득 차서 끊이지 않는다{이 권술의 도리는 왕종악(王宗岳)선생이 지은 태극권경(太極拳經)이 논한 것이 가장 상세하다}. 정정화(程廷華)선생이 사용한 유신팔괘(遊身八卦)는, 혹은 달라붙거나 혹은 따라가거나, 혹은 벌리거나 혹은 합하거나, 혹은 멀리 하거나 혹은 가까이 하거나, 혹은 버티거나 혹은 놓아두거나, 때로는 숨기고 때로는 드러내고, 혹은 갑자기 멀어져 거리가 1장(丈) 남짓 떨어지고, 별안간에 돌아와 바로 눈앞에 있고, 혹은 온몸의 힘을 사용하고, 혹은 한 손을 사용하고, 혹은 두 손가락을 사용하고, 혹은 한 손가락의 한 마디를 사용하고, 돌연히 허(虛)이다 돌연히 실(實)이고, 돌연히 단단하다 돌연히 부드러워서, 고정된 형(形)이 없어 변화를 예측할 수 없다. 형의 태극 팔괘 세 파의 사람들이 수련하는 형식이 다르나, 그 이치는 모두 다 그 응용에 들어맞고 또한 각기 나름의 도리가 있다.

陳秀峰先生言, 太極八卦與六十四卦, 卽手足四幹四肢共六十四卦也(其理八卦拳學言之詳矣). 與程廷華先生言遊身八卦並六十四卦, 兩派之形式用法不同, 其理則一也. 陳秀峰先生所用太極八卦, 或粘或走或剛或柔, 並散手之用, 總是在不卽不離內求玄妙, 不丟不頂中討消息, 以至引進落空, 四兩撥千斤動作所發之神氣, 如長江大海, 滔滔不絕也(此拳之道理王宗岳先生所著太極拳經論之最詳). 程廷華先生所用之遊身八卦, 或粘或走或開或合, 或離或卽, 或頂或丟, 忽隱忽現, 或忽然一離相去一丈餘遠, 忽然而回, 卽在目前, 或用全體之力, 或用一手, 或二指, 或一指之一節, 忽虛忽實忽剛忽柔, 無有定形, 變化不測. 形意八卦太極三家, 諸位先生所練之形式不同, 其理皆合其應用亦各有所當也.

제7장 형의권보적요(形意拳譜摘要)

　권경(拳經)에 말하기를: "형의권의 방법은, 7권(拳) 8자(字) 2총(總) 3독(毒) 5악(惡) 6맹(猛) 6방(方) 8요(要) 10목(目) 13격(格) 14타법(打法) 16연법(練法) 91권(拳) 103창(槍)의 이론이 있다." 이후에 배우는 사람들이 권경(拳經)을 본 적이 없어 이러한 것이 있음을 모를까 우려하여서, 이를 설명하여 그 뜻을 알린다.

　7권(拳): 머리 · 어깨 · 팔꿈치 · 손 · 과 · 무릎 · 발 도합 7권(拳)이다.

　8자(字): 참(斬: 베어 자르다){벽권(劈拳)이다} · 절(截: 끊다){찬권(鑽拳)이다} · 과(裹: 싸매다){횡권(橫拳)이다} · 과(胯: 허리와 다리 사이의 연결부위에 수렴하다){붕권(崩拳)이다} · 도(挑: 찌르다){천권(踐拳)이며 즉 연형(燕形)이다} · 정(頂: 지탱하여 버티다){포권(炮拳)이다} · 운(雲: 雲手동작){타형권(鼉形拳)이다} · 영(領: 이끌다){사형권(蛇形拳)이다}.

　2총(總): 3권(拳)과 3곤(棍)이 2총(總)이다{3권(拳)은 천지인(天地人)이 끝없이 방법을 강구하는 것이고, 3곤(棍)은 천지인(天地人)이 끊임없이 이어지는 것이다}.

　3독(毒): 3권(拳)과 3곤(棍)이 숙련되는 것이 바로 3독(毒)이다.

　5악(惡): 그 5정(精)을 얻는 것이 바로 5악(惡)이다.

　6맹(猛): 6합(合)을 수련하여 성취하면 바로 6맹(猛)이다.

　6방(方): 내외(內外)가 합하여 일체가 되는 것이 6방(方)이다.

8요(要): 마음이 안정되면 정신이 편안하고, 정신이 편안하면 마음이 안정되고, 마음이 안정되면 맑아 깨끗하고, 맑아 깨끗하면 대상에 얽매이지 않고, 대상에 얽매이지 않으면 기(氣)가 유행하고, 기(氣)가 유행하면 형상이 사라지고, 형상이 사라지면 신명(神明)을 깨닫는다 {신명(神明)을 깨달으면 곧 신기(神氣)가 서로 통하고, 모든 기(氣)가 근원으로 돌아온다}.

10목(目): 바로 여러 사람이 보고 있다는 뜻이다.

13격(格): 7권(拳)에서부터 바로잡기 시작하여서, 모든 종류의 사람에게 이르는 것이 13격(格)이다.

14타법(打法): 손·팔꿈치·어깨·과(胯)·무릎·발의 좌우가 도합 12권(拳)이고, 머리가 1권(拳)이며, 뒤꽁무니가 1권(拳)으로 도합 14권(拳)이다. 이름을 7권(拳)이라 하므로, 14곳의 타법(打法)이 있고, 이 14곳의 타법(打法)이 변하여서 곧 온갖 타법이 생겨나며, 이를 합하면 곧 5행(五行) 양의(兩儀)이며 여전히 한 기(氣)로 돌아온다.

16연법(練法): 1촌(寸) 2천(踐) 3찬(鑽) 4취(就) 5협(夾) 6합(合) 7제(齊) 8정(正) 9경(脛) 10경(驚) 11기락(起落) 12진퇴(進退) 13음양(陰陽) 14오행(五行) 15동정(動靜) 16허실(虛實).

촌(寸)(발이 보를 나가는 것이다)·천(踐)(다리이다)·찬(鑽)(몸이다)·취(就)(몸을 졸라매다)·협(夾)(더하기빼기의 더하기와 같다)·합(合){내외(內外)6합: 심(心)과 의(意)가 합하고, 의(意)와 기(氣)가 합하고, 기(氣)와 역(力)이 합하는 것이 내삼합(內三合)이다; 어깨와 과(胯)가 합하고, 팔꿈치와 무릎이 합하고, 손과 발이 합하는 것이 외삼합(外三合)이다}·제(齊)(몹시 강렬하고, 안과 밖이 한결같다)·정(正)(곧바르고, 보기에 똑바르나 도리어 비스듬하고, 보기에 비스듬하나 도리어 똑바르다)·경(脛){손이 내오행(內五行)을 탐구한다}·경(驚){4초(四梢)를 놀라게 한다. 총을 한방 쏘기만 하면, 대상물을 반드시 떨어뜨린다. 정강이를 갈아 문지르고, 정강이를 갈아 문지르는 의념과 기개는 계속하여 소리가 울린다}·기락(起落)(일으켜 올라감은 가는 것이고, 내려감은 타격하는 것인데, 일으켜 올려도 타격하고, 내려도 타격하며, 오르락내리락함은 물결을 뒤집는 것과 같아야 비로소 오르내리게 된다)·진퇴(進退)(나아감은 걸음걸이가 낮은 것이고, 물러남은 걸음걸이가 높은 것인데, 나아가고 물러남은 헛되이 배우는 무예가 아니다)·음양(陰陽){보기에는 음(陰)이나 도리어 양(陽)이 있고, 보기에는 양(陽)이나 도리어 음(陰)이 있고, 천지는 음양이 서로 합하여 비를 내리고, 권술은 음양이 서로 합해야 비로소 사람을 타격할 수 있고, 일체를 이루면, 모두 다 음양의 기(氣)이다}·오행(五行){내오행(內五行)은 움직여야 하고, 외오행(外五行)은 따라야 한다}·동정(動靜){정(靜)이 본체이고, 동(動)이 작용이고, 만약 그 정(靜)을 말하면, 아직 그 기미(機微)를 누설하지 않고, 만약 그 동(動)을 말하면, 아직 그 자취를 보이지 않고, 동정(動靜)은 발휘하려 하나 아직 발휘하지 않은 사이인데, 이를 동정(動靜)이라고 부른다}·허실(虛實){허(虛)는 정(精)이고, 실(實)은 령(靈)이고, 정령(精靈)은 모두 그 허실(虛實)을 이루며, 권경가(拳經歌)에 말하기를: "정(精)은 령근(靈根: 몸)을 양성하고 기(氣)는 신(神)을 양성하며, 공(功)을 양성하고 도(道)를 양성하면 원래의 진실을 본다. 단전(丹田)이 양성한 것이 바로 명(命)을 늘이는 보배이니, 황금 만냥과도 바꾸지 않는다."}.

91권(拳): 3권(拳)이 나뉘어져 21권(拳)이 되고, 오행(五行) 생극(生剋)이 10권(拳)이며, 나뉘어져 70권(拳)이 된다{도합 91권(拳)이고, 1권

(拳)은 7권(拳)으로 나누어지는데, 앞으로 타격하기 · 뒤로 타격하기 · 좌로 타격하기 · 우로 타격하기 · 타격하지 않기 · 상대방의 타격을 타격하기 · 상대방이 타격 않음을 타격하기이다}.

103창(槍): 천지인(天地人) 3창(槍)이 각기 4주(柱)로 나누어서, 3·4는 12창(槍)이고; 5행(行) 5창(槍)이 5·7은 35창(槍)이고; 8괘(卦) 8창(槍)이 7·8은 56창(槍)이고, 도합 103창(槍)이다.

머리가 타격하여 내리고, 의념은 발을 따라 가고, 일으키려 하나 아직 일으키지 않고 중앙을 차지하며, 발은 중문(中門)을 밟고 상대방의 위치를 빼앗으니, 설사 신선이라도 막아내기 어렵다.

어깨가 타격하니 음(陰)이었다 양(陽)으로 바뀌고, 양 손은 오직 구멍 중에 감춘다. 좌우 모두 상대방의 뜻을 압도함에 의거하고, 서전(舒展: 활짝 펴다) 두 글자에 한 목숨이 죽는다.

팔꿈치가 타격하여 가는 의도는 가슴을 차지함이고, 손을 씀은 마치 호랑이가 양을 덮치는 것과 같고, 혹은 안에서 제쳐 옆으로 움직이고, 뒤쪽 손은 오직 옆구리 아래에 감춘다.

주먹이 3절(節)을 타격하나 모습을 보지 못하고, 만약 모습이 보이면 능한 것이 아니고, 능함은 한 생각이 극진함에 있고, 한 생각을 품는 데에 있지 않고, 능함은 한 기(氣)가 앞서는 데에 있고, 한 기(氣)가 뒤떨어지는 데에 있지 않다.

과(胯)가 중절(中節)을 타격하며 나란히 하여 서로 잇닿고, 음양(陰陽)이 서로 합치함은 되기 어렵다. 바깥쪽 과(胯)는 마치 물고기가 벌떡 뛰어오르듯 뻣뻣하고, 안쪽 과(胯)는 보(步)를 감추어 세(勢)를 변하기 어렵다.

무릎이 여러 곳을 타격하나 상대방은 잘 모르고, 마치 사나운 호랑이가 우리를 뛰쳐나온 것과 같다. 몸째로 돌며 기세를 멈추지 않고, 좌우로 확실하게 밀어 제치며 마음대로 한다.

발이 타격하여 짓밟는 의도는 허탕 치지 않고, 비결은 전부 뒤쪽 발이 박차는 데에 의거한다. 남과 용맹을 겨루려면 빈틈없이 방비하고, 가는 뜻은 마치 땅을 휩쓰는 바람과 같고, 꽁무니가 타격하여 오르내림은 모습을 보지 못하고, 마치 사나운 범이 앉거나 엎드렸다 굴에서 뛰쳐나오는 것과 같다.

권경(拳經)에 말하기를: "천지의 원기(元氣)로 나의 도(道)가 성취되고, 도(道)가 성취됨은 진실한 5형권(五形拳: 五行拳)에 있다. 진실한 형(形) 속에 진실한 정신(精神)을 간직하고, 신(神)을 기(氣) 속에 간직하면 단도(丹道)가 성취된다. 만약 진실한 형(形)을 알아내려면 반드시 진실함을 추구해야 하고, 진실한 형(形)을 알려면 진실한 상(象: 모양 형태)에 합치해야 한다. 진실한 상(象)이 합치되면 진실한 결(訣: 노래 형식의 비법 비결)이 생기고, 진실한 결(訣)이 도리에 맞으려면 이치가 분명하여 영험(靈驗)이 있어야 한다." "신체를 양성하며 마음을 움직이는 것은 강한 상대방에 대적하는 것이고, 신체를 양성하며 마음을 고요히 하는 것은 도(道)를 닦는 것이다."

적송자(赤松子) 태식결(胎息訣)에 말하기를: "기혈(氣穴)에 대하여 옛사람들은 이를 이름 지어 생문(生門) 사호(死戶)라고 부르고, 또한 이를 천지의 근원이라 부른다. 여기에 정신을 집중하여서, 오래되면 원기(元氣: 정기)가 나날이 충만하고, 원신(元神: 영혼)이 나날이 왕성하다. 신(神)이 왕성하면 곧 기(氣)가 막힘이 없고, 기(氣)가 막힘없이 후련하면 곧 혈(血)이 풀리고, 혈(血)이 풀려 유통하면 곧 골(骨)이 강해지고, 골(骨)이 강해지면 곧 수(髓: 골수)가 가득 차고, 수(髓)가 가득 차면 곧 배가 그득하고, 배가 그득하면 곧 아래가 실(實)해지고, 아래가 실(實)해지면 곧 걸음걸이가 경쾌하며 힘차고, 동작이 피로하지 않고, 사지가 건강하고, 안색이 꽃처럼 아름다워서, 신선이나 다름없다."라고 하며, 이것은 또한 권술 내경(內勁)의 뜻이다.

拳經云: "形意拳之道, 有七拳, 八字, 二總, 三毒, 五惡, 六猛, 六方, 八要, 十目, 十三格, 十四打法, 十六練法, 九十一拳, 一百零三槍之論." 恐後來學者, 未見過拳經, 不知有此, 故述之以明其義.

七拳: 頭 肩 肘 手 胯 膝 足 共七拳也.

八字: 斬(劈拳也) 截(鑽拳也) 裹(橫拳也) 胯(崩拳也) 挑(踐拳也卽燕形也) 頂(炮拳也) 雲(鼉形拳也) 領(蛇形拳也).

二總: 三拳三棍爲二總(三拳是天地人生法無窮, 三棍是天地人生生不已).

三毒: 三拳三棍精熟卽爲三毒.

五惡: 得其五精卽爲五惡.

六猛: 六合練成, 卽爲六猛.

六方: 內外合一家爲六方.

八要: 心定神寧, 神寧心安, 心安清淨, 清淨無物, 無物氣行, 氣行絕象, 絕象覺明(覺明則神氣相通, 萬氣歸根矣).

十目: 卽十目所視之意.

十三格: 自七拳格起, 至士農工商爲十三格.

十四打法: 手 肘 肩 胯 膝 足, 左右共十二拳, 頭爲一拳, 臀尾爲一拳共十四拳. 名爲七拳, 故有十四處打法, 此十四處打法變之則有萬法, 合之則爲五行兩儀而仍歸一氣也.

十六練法: 一寸 二踐 三鑽 四就 五夾 六合 七齊 八正 九脛 十驚 十一起落 十二進退 十三陰陽 十四五行 十五動靜 十六虛實.

寸(足步也) 踐(腿也) 鑽(身也) 就(束身也) 夾(如加減之加也) 合(內外六合: 心與意合 意與氣合 氣與力合, 是爲內三合: 肩與胯合 肘與膝合 手與足合, 是爲外三合) 齊(疾毒也, 內外如一) 正(直也, 看正却是斜, 看斜却是正) 脛(手摩內五行也) 驚(驚起四梢也. 火機一發, 物必落. 磨脛, 磨脛意氣響連聲) 起落(起是去也, 落是打也, 起亦打, 落亦打, 起落如水之翻浪才成起落) 進退(進時步低, 退是步高, 進退不是枉學藝) 陰陽(看陰而却有陽, 看陽而却有陰, 天地陰陽相合能以下雨, 拳術陰陽相合才能打人, 成其一塊, 皆爲陰陽之氣也) 五行(內五行要動, 外五行要隨) 動靜(靜爲本體, 動爲作用, 若言其靜, 未漏其機, 若言其動, 未見其迹, 動靜是發而未發之間, 謂之動靜也) 虛實(虛是精也, 實是靈也, 精靈皆有成其虛實, 拳經歌曰: "精養靈根氣養神, 養功養道見天眞. 丹田養就長命寶, 萬兩黃金不與人.").

九十一拳: 三拳分爲二十一拳, 五行生剋是十拳, 分爲七十拳(共九十一拳, 一拳分爲七拳, 是前打 後打 左打 右打 不打 打打 打不打).

一百零三槍: 天地人三槍, 各分四柱, 是三四一十二槍: 五行五槍, 是五七三十五槍: 八卦八槍, 是七八五十六槍, 共一百零三槍也.

頭打落, 意隨足走, 起而未起占中央, 腳踏中門搶他位, 就是神仙亦難防.

肩打一陰反一陽, 兩手只在洞中藏. 左右全憑蓋他意, 舒展二字一命亡.

肘打去意占胸膛, 起手好似虎撲羊, 或在裏撥一旁走, 後手只在脇下藏.

拳打三節不見形, 如見形影不爲能, 能在一思盡, 莫在一思存, 能在一氣先, 莫在一氣後.

胯打中節並相連, 陰陽相合得之難. 外胯好似魚打挺, 裏胯藏步變勢難.

膝打幾處人不明, 好似猛虎出木籠. 和身轉着不停勢, 左右明撥任意行.

脚打踩意不落空, 消息全憑後脚蹬. 與人較勇無虛備, 去意好似捲地風. 臀尾打起落不見形, 好似猛虎坐臥出洞中.

拳經云:"混元一氣吾道成, 道成莫外五眞形. 眞形內藏眞精神, 神藏氣內丹道成. 如問眞形須求眞, 要知眞形合眞象. 眞象合來有眞訣, 眞訣合道得徹靈.""養靈根而動心者, 敵將也, 養靈根而靜心者, 修道也."

赤松子胎息訣云:"氣穴之間, 昔人名之日生門死戶, 又謂之天地之根. 凝神于此, 久之元氣日充, 元神日旺. 神旺則氣暢, 氣暢則血融, 血融則骨强, 骨强則髓滿, 髓滿則腹盈, 腹盈則下實, 下實則行步輕健, 動作不疲, 四體康健, 顔色如桃李, 去仙不遠矣."此亦是拳術內勁之意義也.

제8장 권술수련 경험과 세 파(派)의 자세한 뜻

　내가 어릴 때부터 권술을 수련한 이래, 여러 선생들의 말씀을 들으니, 권술이 바로 도(道)라고 말하였고, 나는 이를 듣고서 의심하였다. 암경(暗勁)을 수련하는 정도에 이르러서, 강유(剛柔)가 하나로 합치되고, 동작이 재빠르며 교묘하고, 마음이 저절로 내키는 대로 맡겨두었는데, 권술을 수련하는 동지들과 연구하니, 피차 각기 깨닫는 바가 있었다. 그런데 화경(化勁)을 수련한 후, 내부의 수련비결을 동지들과 이야기하였는데, 아는 사람은 대부분 말하려 하지 않았고, 모르는 사람은 막연하여 이해할 수 없었다. 그러므로 책에 써서 동지들께 보이니, 만약 이러한 상황을 경험한 사람이 있으면, 서로 연구할 수 있고, 이로써 잘 하게 된다. 내가 화경(化勁)을 수련한 과정은, 매일 한 가지 형(形)의 권식을 연습하였는데, 권식을 멈출 때에 이르면, 차려 자세를 취하여 서서, 마음속의 신기(神氣)가 안정되면, 종종 느끼기에 하부의 해저(海底)부위{즉 음교혈처(陰蹻穴處)}는 무엇이 움직이기 시작하는 것 같았다. 처음에는 그다지 주의하지 않았다. 매일 수련하니 움직일 때가 있었고, 또한 움직이지 않는 때가 있었는데, 시일이 경과하자 또한 움직임이 매우 오랫동안일 때가 있었고, 또한 움직이지 않는 때가 있었다. 멈추는 권식에로 점점 수련해 와서, 마음속이 안정되기만 하면, 바야흐로 '흘러나오려는(漏泄)' 듯하였는데, 단학(丹學) 서적 중의 좌공(坐功)을 생각해보니, 진양(眞陽)이 발동한다는 말이 있어, 채택하여 적용할 수 있고, 그것은 정(靜) 중의 동(動)이다. 정좌(靜坐)를 수련하는 사람이 많고, 정좌(靜坐)를 아는 사람도 아주 많은데, 그것은 정(靜) 중에 동(動)을 추구하는 것이다. 이것은 권술의 동(動) 중에 정(靜)을 추구하는 것이니, 알아들을 수 있을는지 모르겠다. 또한 권경(拳經)에도 "어디서든지 실행을 지속하고, 변해서는 안 된다"라는 말이 있음을 생각하니, 매일 노력하기를 절대로 중단해서는 안 된다. 이후에 수련하여 멈추는 권식에 이르기만 하면, 온몸이 곧 텅 비는 현상이 생겨나고, 진양(眞陽)이 또한 발동하여 바야흐로 흘러나오려 하였다. 이러한 상황은 유화양(柳華陽)선생이 말한 바와 같아서, 진원(眞元: 元氣)의 뜻을 거듭 깨달았다. 자신이 느끼기에 몸이 털끝만큼도 감히 움직일 수 없었는데, 움직이면 바로 흘러나오려 하였다. 여전히 권술의 방법을 사용하여 이것을 변화시키려고 마음속으로 생각하여서, 내부의 의식은 허령(虛靈)하여 가라앉아 단전(丹田)에 집중하고, 아래쪽은 허령(虛靈)한 의식을 사용하여 곡도(穀道: 항문)를 끌어올린 상태를 유지하고, 내외(內外)의 의사(意思)는 여전히 권술을 한차례 수련하는 것과 같았다. 의식을 단전(丹田)에 잠시 집중하면, 양(陽)이 곧 수축되고, 움직이기 시작하는 것이 올라가 단전(丹田)으로 이동하였다. 이때 온몸이 어울려 화합하여, 끊임없이 계속되었다. 당시에는 전법륜(轉法輪)의 이치를 채택할 줄을 미처 몰랐는데, 단전(丹田) 안에 마치 두 가지 물질이 서로 다투는 상황과 같았고, 네다섯 시간 만에야 비로소 점차 안정되었다. 마음속으로 납득할 수 없는 이치는, 내가 권술을 수련할 때 내쉬고 들이쉬는 두 숨이 여전히 단전(丹田) 중에 있는 것이었다. 수련을 하지 않을 때를 말하자면, 설사 호흡이라고 말하더라도, 결코 내부의 진식(眞息)에 지장을 주지 않았고, 결코 일부러 마음먹고 돌보지 않았으나, 언제나 한결같이 그러하였다. 장자(莊子)가 말하기를: "진인(眞人)의 호흡은 발뒤꿈치로 한다"라고 하니, 아마도 이 뜻이겠다. 호흡하지 않고서도 호흡하는 화(火)가 있기 때문에, 곧 이 동물이 먹은 것을 소화하고, 온몸에 막힘없이 잘 통한다. 이후에 또 전과 같이 동작하면, 여전히 단전(丹田)에로 끌어올리고, 권술을 수련하는 중에도 여전히 있어서, 내외(內外)가 언제나 한결같은 기(氣)이며, 천천히 여유 있게 수련하니, 조금도 불안정한 곳이 없었다. 동작하며 수련할 때, 내부의 사지는 조화롭게 융합하고, 끊임없이 계속하여 텅 비어서, 앞의 멈추어 서는 권식의 상황과 같았고, 또한 권술을 한차례 수련하고서 움직이지 않거나, 또한 권술을 두 차례 수련하고서 움직이지 않았다. 이후에도 움직일 때에는, 여전히 단전(丹田)으로 끌어올리며, 권술수련의 내호흡(內呼吸)을 사용하였고, 전법륜(轉法輪)은 의식을 운용하여 단전(丹田)에서 주관하는데, 신(神)으로써 식(息)을 운용하여 돌린다. 미려(尾閭)로부터 협척(夾脊)에 이르고 옥침(玉枕)에 이르고 천정(天頂)에 이르러 내려가니, 정좌(靜坐) 공부와 똑 같고, 내려서 단전(丹田)에 이르며, 또한 두세 번 돌리고서 움직이지 않거나, 또한 서너 번 돌리고서 움직이지 않는데, 돌린다는 것은 수련한 것을 소화(消化)한다는 뜻과 똑같다. 이후에 권술수련을 하지 않는 때에, 혹은 앉거나 서거나 혹은 행동하거나, 내부에는 여전히 권술수련의 호흡을 사용하였고, 몸이 길을 걷는 것도 소화할 수 있었다. 이후에는 심지어 깊이 잠든 중에도 홀연히 움직였는데, 움직이자 곧 잠에서 깨어났고, 여전히 권술수련의 호흡을 사용함으로써 이를 소화하였다. 이후에는 잠이 깊이 들면 내부는 움직이지 않았고, 내외(內外)의 온몸 사지가 홀연히 텅 빈 듯하였으며, 온몸이 융합하여 온화하고, 머리를 감고 몸을 씻은 듯한 상황이었다. 잠을 잘 때도 이와 같은 정황이 있었고, 꿈속에서도 될 수 있었는데, 신의(神意: 정신 의지)를 운용하여 호흡하여서 이것을 화(化: 소화)하였고, 잠에서 깨었기 때문에, 꿈속의 정황을 이미 알고서 이를 화(化)하였다. 이후에 권술을 수련하거나 깊이 잠들었을 때, 내부는 움직이지 않았고, 후에 오직 깊이 잠들었을 때, 내외(內外)가 홀연히 텅 빌

때가 있었고, 낮에 걷거나 멈추거나 앉거나 눕거나, 사지(四肢)가 또한 텅 비어버리는 때가 있었는데, 몸 안의 기분은 몹시 상쾌하였다. 늘 저녁때가 되면, 권술을 수련하였고, 밤에 깊이 잠들었을 때, 몸 안이 텅 비어버리는 때가 많았는데, 저녁때 만약 권술을 수련하지 않으면, 잠잘 때 텅 비어버리는 때가 비교적 적었다. 단도(丹道)에 기(氣)가 소실되는 폐단이 있음을 이후에 알았는데, 내외(內外)의 정황을 자신이 체험하며 관찰해보니, 성교(性交)횟수가 줄어들어 아주 적어지고, 모든 병을 퇴치하고, 정신(精神 : 원기 정력 기력)이 증가할 뿐이고 줄지는 않았다. 이후에는 정좌(靜坐)도 이와 같았고, 권술수련도 이와 같았다. 권술과 단도(丹道)는 같은 이치임을 여기에 이르러 비로소 알았다. 이상은 내가 권술을 수련하며 신체 내외(內外)가 경험한 것이다. 그러므로 이를 기록하여 동지들께 알린다.

권술이 허(虛)를 수련하고 도(道)에 합치하는 정도에 도달하면, 이것은 진의(眞意)를 화(化)하여 허무(虛無)에 도달한 경지이다. 움직이지 않을 때는, 내부가 고요하고 텅 비어서 그 마음을 움직이는 것이 하나도 없다. 뜻밖의 일이 갑자기 생기게 되면, 비록 보지 않고 듣지 않아도, 알아차려서 이를 피할 수 있다. 《중용(中庸)》에 말하기를: "진실한 도(道)는 앞일을 미리 알 수 있다"라고 하니 바로 이 뜻이다. 진실한 도(道)에 도달한 사람은, 세 파의 권술 중에서, 내가 알기로는 네 사람이 있을 뿐이다. 형의권의 이낙능(李洛能)선생 팔괘권의 동해천(董海川)선생 태극권의 양로선(楊露禪)선생 무우양(武禹襄)선생이다. 네 분 선생 모두 보지 않고 듣지 않는 지각(知覺)이 있고, 그 나머지 여러 선생 모두는 보고 듣는 지각일 뿐이다. 만약 밖에 뜻밖의 일이 생기면, 눈으로 보고 귀로 듣기만 하면, 공격해오는 사람이 얼마나 빠른지에 관계없이 단지 피할 수는 있다. 그 공부가 허(虛)인 경지에는 들었으나 아직 지극한 허(虛)에는 도달하지 못했기 때문에, 보지 않고 듣지 않는 지각(知覺)이 생길 수는 없다. 혹은 다른 파의 권술을 수련하는 사람도 이러한 경지가 있다고 자주 들었으나, 그 성씨가 분명하지 않아서 기록하지 않았다.

余自幼練拳以來, 聞諸先生之言, 云拳卽是道, 余聞之懷疑. 至練暗勁, 剛柔合一, 動作靈妙, 一任心之自然, 與同道人硏究, 彼此各有所會. 惟練化勁之後, 內中消息, 與同道之人言之, 知者多不肯言, 不知者茫然莫解. 故筆之于書, 以示同道, 倘有經此情況者, 可以互相硏究, 以歸至善. 余練化勁所經者, 每日練一形之式, 到停式時, 立正, 心中神氣一定, 每覺下部海底處(卽陰蹻穴處)如有物萌動. 初不甚着意. 每日練之有動之時, 亦有不動之時, 日久亦有動之甚久之時, 亦有不動之時. 漸漸練于停式, 心中一定, 如欲泄漏者, 想丹書坐功, 有眞陽發動之語, 可以採取, 彼是靜中動. 練靜坐者, 知者亦頗多, 乃彼是靜中求動也. 此是拳術動中求靜, 不知能消化否? 又想拳經亦有"處處行持不可移"之言, 每日功夫總不可間斷. 以後練至一停式, 周身就有發空之景象, 眞陽亦發動而欲泄. 此情形似柳華陽先生所云, 復覺眞元之意思也. 自覺身子一毫亦不敢動, 動卽要泄矣. 心想仍用拳術之法以化之, 內中之意, 虛靈下沈注于丹田, 下邊用虛靈之意, 提住穀道, 內外之意思, 仍如練拳趟子一般. 意注于丹田片時, 陽卽收縮, 萌動者上移于丹田矣. 此時周身融和, 綿綿不斷. 當時尙不知採取轉法輪之理, 而丹田內, 如同兩物相爭之狀況, 四五小時, 方漸漸安靜. 心想不動之理, 是余練拳術之時, 呼吸二息仍在丹田之中. 至于不練之時, 雖言談呼吸, 並不妨礙內中之眞息, 並非有意存照, 是無時不然也. 莊子云: "眞人之息以踵", 大約卽此意也. 因有不息而息之火, 將此動物消化, 暢達于周身也, 以後又如前動作, 仍提在丹田, 仍在練拳趟子, 內外總是一氣, 緩緩悠悠練之, 不敢有一毫不平穩處. 動作練時, 內中四肢融融, 綿綿虛空, 與前站着之景況無異, 亦有練一趟而不動者,亦有練兩趟而不動者. 嗣後亦有動時, 仍提至丹田, 而用練拳之內呼吸, 轉法輪用意主之于丹田, 以神用息而轉之. 從尾閭至夾脊至玉枕至天頂而下, 與靜坐功夫相同. 下至丹田, 亦有至二三轉而不動者, 亦有三四轉而不動者, 所轉者, 與所練趟子消化之意相同. 以後有不練之時, 或坐立, 或行動, 內中仍用練拳之呼吸, 身子行路亦可以消化矣. 以後甚至于睡熟中忽動, 動而卽醒, 仍以用練拳之呼吸而消化之. 以後睡熟而內中不動, 內外周身四肢忽然似空, 周身融融和和, 如沐如浴之景況. 睡時亦有如此情形, 而夢中亦能, 用神意呼吸而化之, 因醒後, 已知夢中之情形而化之也. 以後練拳術睡熟時, 內中卽不動矣, 後只有睡熟時, 內外忽然有虛空之時, 白天行止坐臥, 四肢亦有發空之時, 身中之情意, 異常舒暢. 每逢晚上, 練過拳術, 夜間熟睡時, 身中發虛空之時多, 晚上要不練拳術, 睡時發虛空之時較少. 以後知丹道有氣消之弊病, 自己體察內外之情形, 人道縮至甚小, 消除百病, 精神有增無減. 以後靜坐亦如此, 練拳亦如此. 到此方知拳術與丹道是一理也. 以上是余練拳術, 身體內外之所經驗也. 故書之以告同志.

拳術至練虛合道, 是將眞意化到至虛至無之境. 不動之時, 內中寂然, 空虛無一動其心. 至于忽然有不測之事, 雖不見不聞, 而能覺而避之. 《中庸》云: "至誠之道, 可以前知." 是此意也. 能到至誠之道者, 三派拳術中, 余知有四人而已. 形意拳李洛能先生八卦拳董海川先生太極拳楊露禪先生武禹襄先生. 四位先生皆有不見不聞之知覺, 其餘諸先生皆是見聞之知覺而已. 如外有不測之事, 只要眼見耳聞, 無論來者如何疾快, 但能躱閃. 因其功夫入于虛境而未到于至虛, 不能有不見不聞之知覺也. 其練他派拳術者, 亦常聞有此境界, 未能詳其姓氏, 故未錄之.

역자후기

　무술속담에 "권술이 비록 진짜이나 그 비결이 진실하지 않으면, 심혈을 기울여 수련해도 헛수고만 한다(拳術雖眞竅不眞, 費盡心血枉勞神)"라는데, 올바른 수련방법을 파악해야만 공(功)을 이룰 수 있다는 뜻이겠다. 하지만 비결을 누가 선선히 가르쳐주겠는가? 설사 비결을 얻었다 할지라도 소위 비결이란 것이 옳은 비결인지 누가 알겠는가?

　예로부터 무술가들은 기예(技藝)를 자신만이 가진 비밀로 여겨서 함부로 공개하지 않았고, 스승이 무엇을 이야기하면 제자는 그저 듣기만 할 뿐이고, 감히 물을 수 없었고, 심지어 어떤 스승은 제자들이 단지 듣기만을 허락하고 필기조차 못하게 하였다. 제자들은 그 가르침을 자신의 기억에 근거하여 전해오면서, 잘못 들었거나 혹은 발음은 같으나 글자는 다른 등의 원인으로 초래된 많은 오류가 비결(秘訣) 혹은 구결(口訣)에 섞여들게 되었다. 소위 권경(拳經)이라 불리는 권술이론 문장은, 가짜인 내용이나 정확히 이해할 수 없는 방언이나 어느 집단 내에서만 통용될 뿐인 말이 있어서, 전적으로 신뢰할 수는 없고 다만 참고만 할 수 있을 뿐이다. 더욱이 이전에는 표준말이란 것이 없었으니, 정확한 의미를 제대로 전달하기는 어려웠다.

　손록당(孫祿堂 : 1860~1933)은 여러 무술가들과 교유하여 견문이 넓었고, 권술에 대한 체험도 깊으며, 또한 학문이 있어서, 《권의술진(拳意述眞)》을 지어 내가(內家)권술의 미묘한 도리를 최초로 집대성하였는데, 그 도리는 옛 사람들이 지혜롭게 수련하여 발명해낸 진실하고 귀중한 비결이다. 무도(武道)를 탐구하고 특히 내가(內家)권술을 논하려면 《권의술진(拳意述眞)》을 반드시 연구해야 한다.

　《권의술진(拳意述眞)》 이전의 내가(內家)권술에 관한 문장은 황종희(黃宗羲 : 1610~1695)의 아들 황백가(黃百家 : 1643~?)가 1676년에 지은 《내가권법(內家拳法)》이 유일하다. 권술을 소위 외가(外家)와 내가(內家)로 굳이 구분할 필요가 있는지는 모르겠으나, 권술(拳術)을 외가(外家)와 내가(內家)로 나눈 기록은, 명말청초(明末淸初)의 유학자(儒學者) 황종희(黃宗羲)가 청초(淸初)인 1669년에 지은 왕정남묘지명(王征南墓誌銘)에 최초로 나오며, 명(明)대에 내가권술(內家拳術)이 있었다. 황백가(黃百家)는 왕정남(王征南 : 1617~1669)의 유일한 제자로서 내가권(內家拳)을 배웠으나, 후에 과거공부에 전념하느라 적극적으로 수련하지 않았고, 왕정남(王征南)의 후계자는 없다. 황백가(黃百家)는 《내가권법(內家拳法)》을 지어 수법을 소개하고 초식의 동작도 설명하였는데, 후인들이 이로부터 왕정남(王征南)의 내가(內家)권술을 재현하려 연구하였으나 지금껏 아무런 성과가 없다. 황백가(黃百家) 자신도 이를 예감하였는지 말미에 말하기를, "목우유마(木牛流馬)는 제갈양(諸葛亮)의 글 중에 치수가 상세하나, 오랜 세월이 지나는 동안 다시 이를 사용한 사람이 누구인가?"

19C에 들어서 중국의 북방에서 형의권의 고수들이 많이 출현하면서 형의권 권론(拳論)이 생겨났고, 태극권과 팔괘장도 출현하였는데, 당시에는 이 세 권술 문파 모두 자신의 권술이 내가권이라고 주장하지 않았다. 20C 초에 양식(楊式)태극권문파에서 태극권이 내가권임을 처음 말하였고, 1924년에 손록당(孫祿堂)이 《권의술진(拳意述眞)》을 내어 형의권 태극권 팔괘장의 도리를 설명한 이후 이 세 권술은 곧 대표적인 내가권이 되었다.

《권의술진(拳意述眞)》에서 밝힌 내가권술의 도리는 오묘하여서, 감히 안다고 말할 수 없다. 그 도리는 추상적인 언어에 머물러 있는 것이 아니고 오직 실제 체험으로 성취해내어야만 하는 것이기 때문이다.

혹자는 말한다: 손록당(孫祿堂)의 저술은 무학(武學)연구의 새로운 시대를 열었고, 권술을 수련하여 도(道)의 경지에 이름을 밝혔다.

2014년 1월 김태덕 올림

권의술진(拳意述眞)

2014년 3월 15일 인쇄
2014년 3월 20일 발행

저자 **손록당**
번역 **김태덕**

발행처 | 두무곡 출판사

주소 | 서울시 종로구 청운동 53-5
전화 | 02-723-3327
FAX | 02-723-6220
등록번호 | 제 1-3158호

인쇄처 | 이화문화출판사

주소 | 서울시 종로구 사직로10길 17(내자동 인왕빌딩)
전화 | (02)738-9880~1
홈페이지 | www.makebook.net
값 10,000원

ISBN 979-11-952293-0-7 13690

잘못 만들어진 책은 바꾸어 드립니다.
본 책의 그림 및 내용을 무단으로 복사 또는
복제할 경우에는 저작권법의 제재를 받습니다.